NEUKIRCHENER

Neukirchener Beiträge zur Systematischen Theologie

Herausgegeben von
Wolfgang Huber, Bertold Klappert,
Hans-Joachim Kraus, Jürgen Moltmann und Michael Welker

Band 12
Hans-Wilhelm Pietz
Das Drama des Bundes

Neukirchener

Hans-Wilhelm Pietz

Das Drama des Bundes

Die dramatische Denkform in Karl Barths
Kirchlicher Dogmatik

Neukirchener

Neukirchener Verlag
Verlagsgesellschaft des Erziehungsvereins mbH,
Neukirchen-Vluyn

Umschlaggestaltung: Kurt Wolff, Düsseldorf
Satz und Druckvorlage: Hans Hegner
Gesamtherstellung: Breklumer Druckerei Manfred Siegel KG
Printed in Germany
ISBN 3-7887-1417-4

Die Deutsche Bibliothek – CIP-Einheitsaufnahme

Pietz, Hans-Wilhelm:
Das Drama des Bundes: die dramatische Denkform in Karl Barths Kirchlicher Dogmatik / Hans-Wilhelm Pietz. – Neukirchen-Vluyn: Neukirchener 1998
(Neukirchener Beiträge zur systematischen Theologie; Bd. 12)
Zugl.: Naumburg, Kirchliche Hochsch., Diss., 1990
ISBN 3-7887-1417-4

Vorwort

Daß das Drama eine der Sache der biblischen Botschaft und der Form ihrer Überlieferung besonders angemessene Denk- und Darstellungsweise ist, wurde in den letzten Jahren vor allem im Bereich der Praktischen Theologie und der kirchlichen Praxis entdeckt und betont. Seine Angemessenheit und Fruchtbarkeit für die Dogmatikarbeit und die Frage nach den damit verbundenen systematisch-theologischen Voraussetzungen und Implikationen ist dabei kaum in gleicher Weise bedacht worden. Die vorliegende Abhandlung bereitet die Lösung dieser Aufgabenstellung vor und stellt sich ihr, indem sie die dramatische Denkform in Karl Barths Kirchlicher Dogmatik in den Blick treten läßt.

Unter dem Titel »Das Drama des Bundes. Aufweis und Untersuchung der dramatischen Denkform in Karl Barths Kirchlicher Dogmatik« wurde sie 1986 vom »Prüfungsamt für theologisch-wissenschaftliche Qualifikationsprüfungen beim Bund der Evangelischen Kirchen in der DDR« für die »Prüfung, die die Befähigung zu theologisch-wissenschaftlicher Forschung nachweist« angenommen. Als dann im Herbst 1990 – als einer der letzten Rechtsakte der DDR – den Kirchlichen Hochschulen das Promotionsrecht zuerkannt wurde, konnte sie vom Kollegium der Kirchlichen Hochschule Naumburg als Dissertation bestätigt werden. Für den seit langem geplanten Druck wurde sie an wenigen Stellen überarbeitet.

Ich habe vielen zu danken: Herrn Pfarrer Dr. Ingo Klaer, dem Betreuer der Arbeit, für alle Anregung, Förderung und freundschaftliche Begleitung, Herrn Professor Dr. Wolf Krötke und Herrn Professor Dr. Bertold Klappert für kritische Begutachtung, Herrn Pfarrer Wolfgang Harnisch und Herrn Professor Dr. Ulrich Körtner für hilfreiche Gespräche, dem Neukirchener Verlag für alle Aufwendungen und die Drucklegung.

Ein dankbares und bewegtes Wort gilt es auch zu sagen im Blick auf die Kirchliche Hochschule Naumburg, deren Zeit in den bewegten Jahren zwischen der Ferstigstellung und dem Druck dieser Arbeit zu Ende gegangen ist: Daß Freiheit zur Theologie und Liebe zu ihrer Sache einen guten Ort im Osten Deutschlands hatten, haben wir der Existenz der Kirchlichen Hochschulen zu danken.

Hans-Wilhelm Pietz

Inhalt

1 »Das größte Drama aller Zeiten« Hinführung zu Thema und Aufgabe der Arbeit

Im dritten Teil der Versöhnungslehre der Kirchlichen Dogmatik Karl Barths findet sich eine Äußerung zur Christologie, die aufhorchen läßt und nach Erklärung verlangt:

»Vom Sein, Handeln und Reden Jesu Christi kann man nur im Blick auf besondere Ereignisse reden: nur in Form von Erzählung einer Geschichte und je und je sich zutragender Geschichten. Christologie als Darstellung dieses seines Seins, Handelns und Tuns kann, soll es sich dabei um etwas Besseres als um eine dunkle Metaphysik handeln, in allen ihren Teilen und unter jedem denkbaren Aspekt nur die Entfaltung eines *Dramas* sein.«[1]

Diese Äußerung ist in mehrfacher Hinsicht auffällig und ungewöhnlich: Ist es doch (1.) in der Geschichte und Gegenwart der christologischen Rechenschaft keineswegs selbstverständlich, diese (so umfassend) als »Entfaltung eines Dramas« zu begreifen. Fällt sie doch (2.) im Zusammenhang eines dogmatischen Entwurfs, der vielen seiner Kritiker als eigentümlich »undramatisch« gilt. Und begegnet sie doch (3.) im gleichen Jahr, in dem Karl Barth mit einer separaten Veröffentlichung seine Neigung zur dramatischen Denkform publik gemacht hat. Das gibt Anlaß, dieser Äußerung Karl Barths nachzugehen. Wir werden versuchen, sie zu erhellen und im Rahmen der Kirchlichen Dogmatik einem tieferen Verständnis zuzuführen. Denn wenn gelten soll, daß Christologie »in allen ihren Teilen und unter jedem denkbaren Aspekt« nur die Entfaltung eines Dramas sein kann, dann muß sich das an der Denkbewegung und Denkform der Kirchlichen Dogmatik Karl Barths aufweisen lassen – wollte er doch die ganze Dogmatik durch ein christologisches Denken bestimmt sein lassen.[2]

1 KD IV,3, 154.

2 Vgl. Barths Definition dessen, was er unter christologischem Denken in der Dogmatik verstanden wissen wollte: »›Christologisch‹ nenne ich ein Denken im Wahrnehmen und Begreifen, im Verständnis und in der Würdigung der in der heiligen Schrift bezeugten Wirklichkeit der lebendigen Person Jesu Christi selber, in der Aufmerksamkeit auf die Tragweite und Bedeutung seiner Existenz, in der Aufgeschlossenheit gegenüber seiner Selbsterschließung, in der Folgerichtigkeit der ihm zustehenden Folgsamkeit« (KD IV,3, 199; Sperrung getilgt).

Unser Anliegen könnte also zunächst dahingehend beschrieben werden, daß wir einen Kommentar zu der eingangs zitierten Äußerung Barths aus KD IV,3 zu erstellen suchen.[3] Eine angemessene Kommentierung im Rahmen der Kirchlichen Dogmatik wird aber nur möglich sein, wenn sich eine diese Dogmatik prägende »dramatische Denkform« aufweisen läßt.[4] Insofern muß unsere Untersuchung darauf aus sein, einen Beitrag zur Denkform-Forschung zu geben.[5]
Das stellt unser Vorhaben in den Kontext der Barth-Forschung und der Interpretation der Kirchlichen Dogmatik. Darüber hinaus erscheint der angezeigte Aufweis und die Untersuchung der dramatischen Denkform Karl Barths aber auch im Hinblick auf die gegenwärtige Gesprächslage über neuere Ansätze und Darstellungsweisen in der Dogmatik relevant zu sein – ist es doch in letzter Zeit unternommen worden, das »Dogma als Drama« und die Theopraxie als »Theodramatik« ins Gespräch zu bringen.

1.1 Dramatische Denkformen und Modelle in der Theologie

Dramatische Denkformen und Modelle begegnen mannigfach und vielfältig als Versuche zur Welt- und Existenzerhellung. In Form der Schauspielmetapher, des Bühnengleichnisses, des Theatergeschehens oder des Welttheatergleichnisses werden sie als Deutungs- und Orientierungshilfen seit alters[6] von einzelnen Menschen[7], ja von ganzen Zeitaltern[8] her

3 Daß es bei der Interpretation der KD durchaus lohnend sein kann, einen Kommentar zu einem Satz oder gar Satzteil zu schreiben, kann man studieren bei *A. Dekker*, Homines bonae voluntatis. Das Phänomen der profanen Humanität in Karl Barths Kirchlicher Dogmatik. Ein analytischer Kommentar zu einem Satzteil: › ... eine Menschlichkeit, die nicht lange fragt und erwägt, mit wem man es im Anderen zu tun hat, in der man sich vielmehr schlicht mit ihm solidarisch findet und anspruchslos für ihn da ist ... ‹ (KD IV,3, 140), Zürich 1969.

4 Unter »Denkform« in der Dogmatik wird man in Anlehnung an eine einschlägige Bestimmung Barths selbst (KD IV,3, 102) den durch den zu verhandelnden Gegenstand bestimmten Charakter und Stil, eine den einzelnen Äußerungen zugrundeliegende Struktur verstehen dürfen.

5 Die Diskussion um Barths Denkform(en) spielte bereits in der Entstehungszeit der KD und in Barths Sozietät eine Rolle (vgl. *E. Busch*, Karl Barths Lebenslauf, München 1976, 418) und hat bislang immer wieder Beiträge provoziert. Vgl. z.B. *M. Josuttis*, Die Gegenständlichkeit der Offenbarung. Karl Barths Anselm-Buch und die Denkform seiner Theologie, Bonn 1965; *W. Schlichting*, Biblische Denkform in der Dogmatik. Die Vorbildlichkeit des biblischen Denkens für die Methode der Kirchlichen Dogmatik Karl Barths, Zürich 1971.

6 Die ältesten literarisch fixierten Belege in Platos »Gesetzen« und im »Philebos« und die Geschichte der Schauspielmetapher sind einführend besprochen bei *E.R. Curtius*, Europäische Literatur und lateinisches Mittelalter, Bern [2]1954, 148ff (»Schauspielmetaphern«).

7 Vgl. dazu das Vorwort zu den Erinnerungen von *H. Hahn*, Kämpfer wider Willen, Metzingen 1969. Der Herausgeber, G. Prater, beginnt es mit den Sätzen: »Zu Weihnachten 1949 besuchte uns Bischof D. Hahn in Berlin. Er schenkte meiner Frau und mir ... das Buch ›Der Spieler Gottes‹ von Karl Kindt. Kindt schickt seinem Buch die Verse Quevedo y Villegas voraus, in denen er das Leben ein großes Schauspiel nennt:
Vergiß auch nicht, daß Gott das ganze Spiel

angezogen. Und selbst dort, wo – wie in den Human- und Sozialwissenschaften des 20. Jahrhunderts – ihre Herkunft aus dem konkreten Bühnen- und Theatergeschehen kaum mehr erkennbar ist, erweisen sie ihre interpretatorische Kraft.[9]

Dieser zunächst sehr weite und vielleicht auch unpräzise Befund fordert nun auch die christliche Theologie heraus und mag sie dazu motivieren, sich solchen dramatischen Denkformen und Modellen von ihrer Sache her zu stellen. In diesem Sinne hat es z.B. Jürgen Moltmann in seiner »ökologischen Schöpfungslehre«[10] unternommen, die Schauspielmetapher als eines der »Symbole der Welt« zu sichten und mit dem christlichen Schöpfungsglauben in Beziehung zu setzen. Er hat damit darauf aufmerksam gemacht, daß die Beobachtung dramatischer Denkformen und Modelle gerade im Hinblick auf die (wieder) aktuelle Frage nach der Bedeutung von »Symbolen« für den christlichen Glauben und die theologische Rechenschaft relevant ist.

Moltmann nimmt den literatur- und geistesgeschichtlich bedeutenden Topos vom »großen Welttheater« als »Initiative(n) für Erkenntnis- und Deutungsprozesse«[11] auf und versucht eine theologische Deutung. »Welttheater«, so meint Moltmann, kann christlich heißen: »Gott führt das Drama seiner Herrlichkeit auf, und die zuschauenden Menschen werden daran beteiligt.«[12] Unter dem »Drama seiner Herrlichkeit« versteht Moltmann dann aber die Selbstdarstellung Gottes in Welt und Geschichte, so daß sich das ganze Spiel um Gottes Selbstoffenbarung dreht:

»Gott spielt auf der Bühne der Welt sein Spiel, das Spiel seiner unerschöpflichen, erfinderischen Liebe. Er spielt in der Geschichte der Welt das Spiel seiner Gnade, die einmal ganz in der Freiheit aller seiner Geschöpfe offenbar werden soll. Stellt im Grunde Gott sich selbst auf der Bühne der Welt dar, dann dreht sich sein Spiel um seine Selbstoffenbarung. In allen Geschöpfen und durch alle seine Rollen will er sich selbst darstellen. Menschen sind seine Bilder, sein Abglanz, seine Rollen und Masken, seine ›Personen‹ in diesem großen Welttheater. Die Enthüllung seiner Verborgenheit in seiner Selbstoffenbarung ist seine Erscheinung in Menschengestalt. In seinem Auftreten wird der verborgene Sinn

und seinen weitgedehnten Gegenstand
in Akte ordnete und selbst erfand.
Die Texte und die Rollen auszuteilen,
wie lang, wie hoch sich unsere Handlung spannt,
liegt in des einz'gen Dramaturgen Hand.

In diesem Spiel Gottes an der Seite eines so seltenen Mannes wie Hugo Hahn eine bescheidene Rolle gespielt zu haben gehört zu dem größten Reichtum meines Lebens« (a.a.O., 7).

8 Vgl. *R. Alewyn*, Der Geist des Barocktheaters, in: *ders.*, Das große Welttheater. Die Epoche der höfischen Feste, Berlin 1985, 60–90, hier 60: »Ein jedes Zeitalter schafft sich ein Gleichnis, durch das es im Bild seine Antwort gibt auf die Frage nach dem Sinn des Lebens und in dem es den Schlüssel ausliefert zu seinem Geheimnis. Die Antwort des Barock lautet: Die Welt ist ein Theater.«

9 Vgl. *R. Dahrendorf*, Homo Sociologicus. Ein Versuch zur Geschichte, Bedeutung und Kritik der sozialen Rolle, Opladen ^{15}1977, 20ff.

10 *J. Moltmann*, Gott in der Schöpfung. Ökologische Schöpfungslehre, München 1985, 309ff.

11 A.a.O., 299.

12 A.a.O., 310.

des Ganzen und der verborgene Sinn jeder einzelnen menschlichen Rolle offenbar. Mit seinem Auftreten ist auch das Ziel und Ende des *großen Welttheaters* abzusehen: Wenn das Reich der Herrlichkeit erscheint, wird auch die Natur in die Freiheit des ewigen Lebens gebracht werden.«[13]

Freilich wird diese theologische Aufnahme des Theatergleichnisses durch Jürgen Moltmann nicht befriedigen können. Geht sie doch an den mannigfachen Verhältnissen und Beziehungen, die dem Welttheatergleichnis eignen, vorbei und ist sie doch durch zu viele offene Fragen und Unklarheiten belastet.[14] Mehr als einen Hinweis darauf, daß die vielfältig begegnende menschliche Selbstdeutung im dramatischen Modell durchaus auch die christliche Theologie dazu herausfordert und anregt, sich mit ihr auseinanderzusetzen, kann und soll Moltmanns Sicht des »großen Welttheaters« in unserem Zusammenhang nicht darstellen.
Eine intensivere Aufnahme der dramatischen Denkform in die theologische Rechenschaft kennzeichnet schon seit dem ersten Drittel unseres Jahrhunderts die von Gustav Aulén geprägte schwedische Theologie. Aulén hatte sich bereits in seiner 1931 erschienenen programmatischen Studie »Die drei Haupttypen des christlichen Versöhnungsgedankens«[15] dahingehend geäußert, daß das Zentrum des christlichen Glaubens – Gottes kämpferischer und versöhnender Einsatz für sein Geschöpf – selbst zutiefst »dramatisch« sei, und sich deshalb für eine neue theologische Würdigung des »klassischen« oder »dramatischen« Typs der Versöhnungslehre eingesetzt.[16] Dieses Anliegen hat Aulén in zahlreichen Arbeiten bis hin zu seinem Spätwerk »Das Drama und die Symbole«[17] ausgebaut und modifiziert.
Auléns Gedanken hat 1976 noch einmal Benkt-Erik Benktson in seiner Interpretation des Holländischen Katechismus unter dem Titel »Dogma als Drama« neu ins Gespräch gebracht.[18] Er faßt Auléns Anliegen zusammen:

13 A.a.O., 311.
14 Ist doch zu fragen, ob es bei Moltmanns Sicht des Welttheaters, das er als Selbstdarstellung Gottes betrachtet, überhaupt zu einem *Drama* seiner Herrlichkeit kommen kann. Läßt dieses »Spiel der Liebe« – um vom Problem der geschöpflichen Freiheit und des Bösen einmal gar nicht zu reden – Raum für ein wirkliches Gegenüber von Gott und Welt, Gott und Mensch, wie es dem christlichen Schöpfungsglauben eigen ist? Warum ist eigentlich eine Enthüllung der Verborgenheit Gottes nötig, wenn er sich schon in allen Geschöpfen und durch alle Rollen darstellt? Oder gibt es da eine tragische Verstrickung Gottes ins Weltspiel? ... Auf ähnliche Probleme, die sich – hervorgerufen durch Moltmanns Verhältnisbestimmung von Gott und Welt – auch in seinen früheren theologischen Entwürfen zeigen, ist gründlich und engagiert eingegangen *J. Niewiadomski*, Die Zweideutigkeit von Gott und Welt in Jürgen Moltmanns Theologien, Innsbruck 1982.
15 ZSTh 1930/31, 501–538.
16 Vgl. dazu *H. Alpers*, Die Versöhnung durch Christus. Zur Typologie der Schule von Lund (FSÖTh, Bd. 13), Göttingen 1964.
17 *G. Aulén*, Das Drama und die Symbole. Die Problematik des heutigen Gottesbildes, Göttingen 1968.
18 *B.-E. Benktson*, Dogma als Drama. Der Holländische Katechismus von einem schwedischen Theologen gelesen (AzTh 60), Stuttgart 1976.

»Aulén bezeichnet mit ›Drama‹ die entscheidende Rolle der dramatischen Perspektive in der Bibel. Was die Bibel schildert, ist nach Aulén ein universales Drama. Sie spricht von einem lebendigen und handelnden Gott, seinen mächtigen Taten, dem kämpferischen Widerstand gegen alles Destruktive und Gottfeindliche. Drama ist ein Handeln gegen Widerstand. Ein solches umfassendes Drama erstreckt sich vom Anfang, dem ersten Buch der Bibel, bis zum Ende des Schlußaktes, von dem die Apokalypse als letztes Buch der Bibel prophezeit. In den Rahmen des universalen Dramas ist ein besonderes, begrenztes Drama eingefügt, nämlich das heilsgeschichtliche, das Israel als das Bundesvolk betrifft. Dieses besondere Drama findet im Christus-Drama seine Mitte und Zuspitzung; zugleich ist es als biblisches Zentraldrama in die universale Perspektive gerückt: Der Christus der Bibel ist sowohl dem Anfang wie dem Ende zugehörig.«[19]

Von diesem Ansatz Auléns her interpretiert Benktson den Holländischen Katechismus als ein charakteristisches Zeugnis gegenwärtiger Theologie. Denn, so meint er, gerade dieses Dokument gegenwärtiger theologischer Rechenschaft zeigt, auch wenn es nicht explizit am dramatischen Modell orientiert ist, charakteristische Züge, die gleichsam nach einer Deutung im dramatischen Modell[20] rufen: die Betonung des Geschichtlichen und Dynamischen gegenüber den statischen Kategorien der älteren Theologie[21], das Achten auf das Dialogische und Personale in der Begegnung von Gott und Mensch[22], die Ernstnahme des dramatischen Charakters der menschlichen Existenz[23]. Deshalb erscheint ihm die Sichtung des »Dogmas als Drama« keineswegs als eine an die Theologie nur herangetragene Darstellungsweise, sondern als ein der zu betrachtenden Sache wirklich entsprechendes Vorgehen, durch das die Eigenart der Theologie des Holländischen Katechismus treffend erschlossen werden kann.[24]
Daß die heutige Theologie durch gewichtige Tendenzen geprägt ist, die auf eine dramatische Denkform weisen, und sich gegenwärtig eine »Konvergenz auf Theodramatik« hin abzeichnet, das ist auch eine Ausgangs-

19 A.a.O., 24.
20 *Benktson* gliedert (a.a.O., 9f) seinen Entwurf: Teil 1. Theologia viatorum. Inszenierungen; Teil 2. Homo viator. Ouvertüre; Teil 3. Christus victor. Himmelsspiel (unterteilt in 3 Akte und einen Schlußakt); Teil 4. Gratia illuminans. Postludien.
21 Vgl. a.a.O., 13f.
22 Vgl. a.a.O., 41: »Der Dialogcharakter der Offenbarungsreligion, die Begegnung des Menschen mit dem lebendigen Gott, das theologale, persönliche Verhältnis des Menschen zu Gott kraft der Gnade, der persönliche Anruf Gottes: das sind nicht nur moderne existentielle Schlagworte, sondern die Wirklichkeit der Offenbarungsreligion.«
23 Vgl. a.a.O., 19, 26 u.ö.
24 Vgl. a.a.O., 17: »Der Aufbau des HK (= Holländischer Katechismus; Verf.) ist der geschichtliche Weg der menschlichen Bewegung auf die tiefsten Wahrheiten hin. Daher werden die Grundthemen des HK nicht zeitlos und geschichtslos behandelt, in isolierte Lehrsätze und Glaubenswahrheiten aufgespalten, in Wahrheiten, die geglaubt, und in Gebote, die gehalten werden müssen, sondern Dogmen und Moral werden konkretisiert als Weg, Bewegung, Kampf und Leben. Der Aufbau des HK ist der eines Dramas mit dem Geheimnis des Daseins als Ouvertüre und dem Weg Christi bis zur Vollendung als Aufstieg und Niedergang. Christus ist der Höhepunkt, die Erlösung von der Macht der Sünde ist der zentrale Angelpunkt und die Wende. Höhepunkte und Tiefpunkte folgen einander im Rhythmus der Heilsgeschichte. Dieser Rhythmus ist nicht nur eine pädagogische Handhabe, sondern wie die gesamte Wegsymbolik des HK ein theologisches Moment, das die Botschaft Jesu als Heilsweg darstellt.«

beobachtung der »Theodramatik« Hans Urs von Balthasars.[25] Sein großangelegter Entwurf[26] versucht die beiden Linien, die sich in unserem bisherigen Gang andeuteten – die der Theologie begegnende Selbstdarstellung menschlichen Lebens im dramatischen Modell und die der Sache der Theologie eigene Dramatik –, zusammenzuführen. Sieht er doch, daß die »Fülle von Verhältnissen und Beziehungen«, die im dramatischen Modell begegnet, »zunächst einfach Material herschafft, ein ganzes bereitgestelltes, bisher von der Theologie kaum beachtetes Instrumentar für mögliche Darstellung des Handelns Gottes«.[27] Zudem bietet die dramatische Seh- und Darstellungsweise »ein beträchtliches Stück verborgener Fundamentaltheologie«[28], indem sie von dem Zwang und der Trägheit, unsere Existenz als etwas geschlossen auf sich Zurückgebogenes zu verstehen, befreit und dem »Urtrieb des Lebens« folgt, »sich zuzusehen als Handlung, die zugleich Sinn und Geheimnis ist«.[29]
Versucht Hans Urs von Balthasar die Theopraxie als Theodramatik darzustellen, dann geht es

»gewiß nicht darum, die Theologie in eine neue, ihr bisher fremde Form zu gießen. Sie muß diese Form von sich her fordern, ja sie implizit und an manchen Stellen auch explizit immer schon in sich haben. Denn Theologie hat nie etwas anderes sein können als Explikation der Offenbarung Alten und Neuen Bundes, mitsamt ihren Voraussetzungen (der Welt als geschaffener) und Zielen (der Durchdringung der geschöpflichen Welt mit göttlichem Leben). Diese Offenbarung aber ist in ihrer ganzen Gestalt im Großen wie im Geringen dramatisch. Sie ist die Geschichte eines Einsatzes Gottes für seine Welt, eines Ringens zwischen Gott und Geschöpf um dessen Sinn und Heil, und schon taucht die Frage auf, ob dieses Ringen einen bestimmten oder ungewissen Ausgang hat.«[30]

1.2 Die Problematik unserer Fragestellung

Unser Vorhaben, eine dramatische Denkform in Karl Barths Kirchlicher Dogmatik aufweisen und untersuchen zu wollen, scheint nun aber problematisch zu sein, gilt doch gerade seine Theologie – zumindest bei vielen ihrer Kritiker – als eigentümlich »undramatisch«. Und im Registerband zur Kirchlichen Dogmatik und den einzelnen von Barth selbst verantworteten Registern der Teilbände sucht man vergeblich nach einschlägigen Stichwörtern.
Zwar ist immer wieder einmal bemerkt worden, daß Barth gerade im dritten Teil der Versöhnungslehre, wo ja auch die eingangs zitierte Äußerung Barths zum dramatischen Charakter der Christologie ihren Ort

25 Als solche Tendenzen sichtet *v. Balthasar* (TD I, 23ff): Das Ereignishafte; Das Geschichtliche; Das Orthopraktische; Das Dialogische; Das Politische; Das Futurische; Das Funktionale; Die Rolle; Die Freiheit und das Böse.
26 Bde. I–IV (1973–1983).
27 TD I, 17.
28 TD I, 20.
29 TD I, 72f.
30 TD I, 113.

hat, mit dem Christus-Victor-Motiv (»Jesus ist Sieger!«) eine dramatische Sicht des prophetischen Werkes Jesu Christi vertritt. Doch werden diese Äußerungen Barths dann als eine mehr oder weniger flüchtige Aufnahme des von G. Aulén so genannten »klassischen« oder »dramatischen« Typs der Versöhnungslehre und Dogmatik eingeschätzt.[31]

Stärker sind die Stimmen, die angesichts der Denkbewegung der Kirchlichen Dogmatik meinen, »hier laufe nur ein Spiel ab, kein Drama der Geschichte«.[32] Heinz Zahrnt hat im Hinblick auf diese Dogmatik von einem »Monolog im Himmel« gesprochen und zur Kritik an Barth gesagt:

»Die Offenbarung Gottes ist bei ihm nicht mehr ein spannungsreiches, wechselvolles Drama zwischen Gott und Mensch mit Fortschritten, Rückschritten und Wendungen, mit Stufen, Phasen und Epochen, sondern nur noch die ›Aufklärung‹ über einen schon längst geschehenen Vorgang.«[33]

Zahrnt meinte deshalb im Blick auf Barth: »Er blickt der Trinität ins Rollenbuch, ja manchmal hat man den Eindruck, daß er ihr souffliert.«[34] Und auch ein so engagierter Barth-Interpret wie Walter Kreck wirft wiederholt die Frage auf, ob denn angesichts der Erwählungslehre Karl Barths das Christusgeschehen noch (wie im Neuen Testament) als Drama erscheinen kann.[35]

So eigentümlich es ist, ein breiter Strang der Barth-Kritik versucht den – vermeintlich – undramatischen Charakter der Theologie Karl Barths mit dramatischem Instrumentar darzustellen. Wolfhart Schlichting hat diese Sicht der Barth-Kritik treffend (und diese Kritik damit zugleich ironisierend) zusammengefaßt:

»Die Schöpfung ist der Schauplatz für den Ablauf der Geschichte des Bundes. Ihr Gang und Ausgang steht fest. Verwerfung und Erwählung sind die Akte; das Libretto ruht in Gottes Ratschluß. Was sich je begeben wird, geschah in der Dreieinigkeit voraus, nur daß, vorausgesehen, das von Gott Verschmähte hinzutrat. Zeitlich wird nun aufgeführt, was Gott von Ewigkeit bestimmte. Christen wissen den Ausgang voraus; das ist der Glaube. Für die andern wird es am Ende publik.«[36]

31 Vgl. *Benktson*, a.a.O., 162f; *B. Klappert*, Die Auferweckung des Gekreuzigten. Der Ansatz der Christologie Karl Barths im Zusammenhang der Christologie der Gegenwart, Neukirchen-Vluyn ³1981, 218, Anm. 34; *B. Krause*, Leiden Gottes – Leiden des Menschen. Eine Untersuchung zur Kirchlichen Dogmatik Karl Barths (CThM 6), Stuttgart 1980, 173ff, Anm. 601.
32 Vgl. *Schlichting*, a.a.O., 188.
33 *H. Zahrnt*, Die Sache mit Gott. Die protestantische Theologie im 20. Jahrhundert, München 1966, 143.
34 A.a.O., 142.
35 Vgl. *W. Kreck*, Grundentscheidungen in Karl Barths Dogmatik. Zur Diskussion seines Verständnisses von Offenbarung und Erwählung, Berlin 1983, 216 und 217.
36 *Schlichting*, a.a.O., 204.

1.3 Karl Barths Neigung zur dramatischen Denkform

Der eben angesprochenen Problematisierung unseres Vorhabens treten nun aber Beobachtungen entgegen, die auf Karl Barths Neigung zur dramatischen Denkform aufmerksam werden lassen. Da ist zum einen zu sehen, daß Barth im Laufe seines Lebens immer wieder keineswegs alltägliche Begegnungen mit dramatischer Dichtung und dramatischem Bühnengeschehen hatte. Und da wird zum anderen zu beachten sein, daß er seine Neigung dazu, den christlichen Glauben in seinem Zentrum als das »größte Drama aller Zeiten« zu betrachten, mit einer separaten Veröffentlichung eigens publik gemacht hat.

In der autobiographischen Skizze von 1927 verweist Barth selbst darauf, daß er sich während seiner Gymnasialzeit »jahrelang als verdächtig produktiver dramatischer Dichter« betätigt habe.[37] Die in dieser Zeit deutlich gewordene Freude am Theaterspielen läßt ihn im gleichen Zusammenhang zudem noch vermuten, »daß ich mich u.U. auch zum Schauspieler oder dgl. hätte entwickeln können«.[38] Von der Leidenschaft und Intensität, mit der der (ganz) junge Barth an seine dramatischen Versuche heranging, zeugen die einschlägigen Bemerkungen in Eberhard Buschs Beschreibung von Karl Barths Lebenslauf.[39] Eines der Barth-Dramen, das in seinem Untertitel zwei Stichworte aufweist, die auch im Werk des reifen Mannes und Theologen immer wieder an zentraler Stelle begegnen, wurde 1931 in Bonn »auf Helmut Gollwitzers Studentenbude«[40] zur Aufführung gebracht: »Leonardo von Montenuovo oder Freiheit und Liebe«.[41]

37 Autobiographische Skizze Karl Barths aus dem Fakultätsalbum der Ev.-Theol. Fakultät in Münster (1927); abgedruckt in: Karl Barth, Rudolf Bultmann. Briefwechsel 1922–1966, hg. v. *B. Jaspert*, Berlin 1973, 301–310, hier 302.

38 A.a.O., 303.

39 Vgl. *Busch*, Karl Barths Lebenslauf, 37ff.

40 Vgl. *E. Bethge*, Dietrich Bonhoeffer. Theologe, Christ, Zeitgenosse, München ³1970, 217.

41 Kurz nach der Aufführung schrieb Karl Barth in einem Brief (vom 29. Juli 1931) an seine Mutter über das Verhältnis zwischen seinen frühen dramatischen Versuchen und der Dogmatik-Arbeit: »Am letzten Sonntag Abend aber, da hättest Du nun wirklich hier sein sollen. Du wirst die Rolle mit dem Plakat für unseren Schlußabend erhalten haben und nicht weniger überrascht gewesen sein als ich selber! Die Sache war sehr liebevoll ausgedacht und durchgeführt, indem die Studenten mein vor dreißig Jahren ausgeströmtes Pathos nicht etwa travestierten, sondern mit bald rasselnder, bald schmelzender Ernsthaftigkeit einfach zur Geltung brachten, wie ich es mir damals von ferne geträumt haben mag. Gerade darum gab es natürlich Stellen von überwältigender Komik, bei denen der Beifall bei offener Szene einsetzte und ich selber fast Tränen lachen mußte. Nicht zum Wenigsten bei dem Anneli-Monolog des Helden und bei der Figur der strengen Mutter, die von einer Studentin ausgezeichnet gegeben wurde. Bei der Sterbeszene am Schluß kam es doch drei Minuten lang sogar zu einem echten Eindruck!! Und auch die Heldin (›Auf euer Wohl, Herr Ritter!‹ weißt du noch?) sah eben tatsächlich ›entzückend‹ aus, wie man in Deutschland sagt, so daß es keine Frage ist, daß ich, wenn man mir das vor 30 Jahren bereitet hätte, ernstlich Fieber bekommen hätte angesichts solcher Verwirklichung. Es ging mir doch bei allem Humor Alles sehr nahe: Ich mußte an Papas Studierzimmer denken, in dem das Alles entstanden ist, und an meinen eigenen unbestimmten Drang in die Ferne und Weite und wie ich ihn an Schiller nährte. Wie weit liegt das zurück. Und dann mußte ich der ganzen jubelnden Gemeinde nachher doch

Spätestens in jener Bonner Zeit hat Barth sich anläßlich der Besprechung Lessings im Zusammenhang seiner Vorlesung über die Vorgeschichte und Geschichte der protestantischen Theologie seit Schleiermacher auch mit Dramen-Theorie befaßt. Davon legen die entsprechenden Bemerkungen in der Druckfassung jener Vorlesung Zeugnis ab.[42]
Und auch zum zeitgenössischen Theaterschaffen behielt Barth Kontakt. Bemerkenswert dürfte in diesem Zusammenhang Barths Engagement für Friedrich Dürrenmatts Drama »Der Blinde« sein, dessen Uraufführung am 10. Januar 1948 er beiwohnte. Für Dürrenmatt selbst und die Diskussionen um das Stück opferte er auffällig viel Zeit.[43] Ob Barth meinte, Dürrenmatt »zu seinem Hofdramatiker machen zu können«[44], sei dahingestellt. Jedenfalls gab es im Anschluß an das Stück eine offenbar lebhafte Diskussion zwischen Karl Barth und Hans Urs von Balthasar[45], in der es um die Möglichkeit eines christlichen Dramas und um die Christlichkeit des Dürrenmatt-Dramas ging, die von Karl Barth verteidigt, von Hans Urs von Balthasar aber bestritten wurde.[46]

sagen, daß man, wie sie nun gesehen hätten, seiner Vergangenheit nicht entlaufen könne, daß ich doch irgendwie auch heute noch derselbe sei und daß vom Himmel aus gesehen die Dogmatik und ›Freiheit und Liebe‹ sicher durchaus auf einem Tische lägen ...« (Original im Karl Barth-Archiv, Basel. Den Briefauszug machte mir Herr Dr. H. Stoevesandt freundlicherweise zugänglich).

42 Vgl. *K. Barth*, Die protestantische Theologie im 19. Jahrhundert. Ihre Vorgeschichte und ihre Geschichte, Zürich ²1952, 210: »Dies aber war es, was Lessing gerade am Drama so interessiert hat: daß es (so lehrte Lessing im Gegensatz zu den französischen Klassikern und im Anschluß an Sophokles und Shakespeare) zu bestimmen ist als die dichterische Darstellung einer Handlung, deren einzelne Bestandteile durch die Darstellung so zur Einheit zu gestalten sind, daß sie als einzelne und in ihrem Zusammenhang untereinander als notwendiger Ausdruck der Natur der beteiligten menschlichen Personen erscheinen müssen, so also, daß das eigentlich Dargestellte das Seelenleben dieser Personen ist, dessen Anblick im Zuschauer Mitempfinden und Mitleiden auslösen, dessen Anblick ihn zu dem Bekenntnis nötigen muß, daß er in derselben Lage im selben Stadium der Leidenschaft ebenso wie sie hätte handeln müssen. Weil das Drama nicht die bloße Bewunderung dieses oder jenes traurigen oder heiteren Ereignisses erregen und also gar nicht derartige Ereignisse als solche, sondern derartige Ereignisse *als Offenbarungen* den Menschen vorführen und durch diese Vorführung Mitempfinden in anderen Menschen auslösen, also *diese anderen Menschen an der vorgeführten Handlung beteiligen* soll – darum gibt Lessing seinen eigenen Dramen jene Lebensnähe des Stoffes ...« (Hervorhebungen von mir).

43 Herr Dr. H. Stoevesandt hat dem Verfasser (in einem Brief vom 4.11.1985) freundlicherweise die einschlägigen Daten nach Barths Notizkalender von 1948 zusammengestellt: 10. Januar: Uraufführung »Der Blinde«; 20. Januar: Dürrenmatt bei Barth; 24. Januar: Abendeinladung bei Frau Thurneysen-His; 25. Januar: Gespräch im Hause Barth mit Fr. Dürrenmatt, H.U. v. Balthasar, M. Geiger, M. Kutter beim »Schwarzen Kaffee« (d.h. nach dem Mittagessen).

44 So die Einschätzung H.U. v. Balthasars in einem Brief (vom 22.11.1985) an den Verfasser.

45 Vgl. zum Vorgang auch *Fr. Dürrenmatt*, Stücke 2, Berlin 1983, 421: »Nach der Uraufführung gab es in einem Privathaus eine Diskussion über das Stück, an der Karl Barth und Hans Urs von Balthasar teilnahmen.«

46 Das geht aus einem Brief Barths an seinen Sohn Christoph vom 14. Februar 1948 hervor. Den entsprechenden Briefauszug machte mir Dr. Stoevesandt zugänglich (Auszüge auch schon bei *Busch*, a.a.O., 363); die erläuternden Klammerbemerkungen stammen von Dr. Stoevesandt: »Das Theaterstück ›Der Blinde‹ hat hier noch weiter Wellen geschlagen. Nicht nur, daß der Autor Dürrenmatt einmal von 8–12 bei mir war, sondern eine Frau Thurneysen-His auf der Batterie (Straße in Basel) veranstaltete einen

Kritischer zu Friedrich Dürrenmatts Dramatik hat sich Karl Barth aber geäußert, als er (1967) in einer späten Freundschaft mit Carl Zuckmayer über dessen dramatisches Schaffen ins Gespräch kam.[47] Barth sah Zuckmayers Schaffen an: »fast, ›als wär's ein Stück von mir‹«[48], wies Zuckmayer auf dramatische Stoffe hin[49] und besprach mit dem Dramatiker intensiv und kritisch dessen – später fallengelassenen – Plan, ein Drama über die Männer des 20. Juli 1944 (»Dialoge der Todgeweihten«) schreiben zu wollen.[50]

Und schließlich ist es ein »einigermaßen ungewöhnliches Ereignis«[51], das uns vorab Mut macht, von einer Neigung Karl Barths zur dramatischen Denkform zu sprechen: Im gleichen Jahr, in dem Barths eingangs zitierte Äußerung zum dramatischen Charakter der Christologie im Druck erschien (1959), hat er eine solche Neigung mit einer separaten Veröffentlichung publik werden lassen. »Das größte Drama aller Zeiten« heißt die kleine Schrift von Dorothy Leigh Sayers, die – von Karl Barth aus dem Englischen übersetzt und mit einem Geleitwort versehen – 1959 im gleichen Verlag wie die Kirchliche Dogmatik erschien.[52] Die von Barth be

solennen Abend für ihn, wo der Regisseur Horwitz, die Schauspielerin Maria Becker, aber auch allerhand Basler Größen, worunter Dr. Balthasar und endlich doch auch ich selber zu sehen und zu sprechen waren, wobei es mir beiläufig gelang, den Balz (= H.U. v. Balthasar) knock-out zu schlagen... Und am folgenden Tag gab es dann hier noch eine Nachsitzung, zu der sich Max Geiger und Markus Kutter und nochmals Dürrenmatt und nochmals Balthasar eingefunden haben. Jetzt ist aber so viel über den ›Blinden‹ geredet, daß das Thema erschöpft ist. Es ging dauernd über das christliche Drama im Allgemeinen und über die Christlichkeit gerade dieses Dramas, die von Balz bestritten, von mir aber verteidigt wurde...«

47 Vgl. Späte Freundschaft. Carl Zuckmayer, Karl Barth in Briefen, Zürich [6]1980. Barths Brief vom 15.8.1967 verweist darauf, daß es bei der ersten der zwei Begegnungen zwischen Zuckmayer und Barth besonders um den Unterschied zwischen Dürrenmatts und Zuckmayers Schaffen ging. Die hier zu zitierende Passage des Briefes ist von Zuckmayer später selbst (vgl. seinen »Bericht von einer späten Freundschaft. In memoriam Karl Barth«, a.a.O., 81–91, bes. 86f) als eine besonders gewichtige Äußerung Barths gekennzeichnet worden: »Sie (sc. Zuckmayers Dramen und Erzählungen; Verf.) haben mich einfach alle, jedes in seiner Art, tief bewegt, und zwar ... alle gerade in dem, was Sie – wir haben ja in Saas-Fee *besonders darüber gesprochen* – von Friedrich Dürrenmatt unterscheidet und ihm gegenüber auszeichnet: in der nirgends versagenden Barmherzigkeit, in der die menschliche Dunkelheit, Verkehrtheit und Misere zu sehen Ihnen auf der ganzen Linie gegeben ist. Mephistopheles ist abwesend. Die Alle und Alles unaufdringlich, aber unübersehbar umgebende Güte Gottes regiert und charakterisiert bei Ihnen auch die trivialsten, bizarrsten, ja tollsten Szenen und Situationen ...« (a.a.O., 17; Hervorhebung von mir).

48 A.a.O., 70.

49 Vgl. a.a.O., 55f.

50 Vgl. a.a.O., 42, 66f, 70, 73f, 79.

51 *H. Stoevesandt*, Zur Einführung, in: D.L. Sayers, Das größte Drama aller Zeiten. Drei Essays und ein Briefwechsel zwischen Karl Barth und der Verfasserin, hg. v. H. Stoevesandt, Zürich 1982, 7–23, Zitat 7.

52 Vgl. zum Vorgang *Stoevesandt*, a.a.O., 7ff. Es handelt sich um die einzige publizierte Übersetzungsarbeit Karl Barths (neben einer 1927 in »Zwischen den Zeiten« veröffentlichten Übersetzung einer Calvin-Predigt). »Später hat er sich nicht wieder als Übersetzer betätigt. Die zweite und also letzte Arbeit dieser Art galt, und insofern blieb Barth auch hier bei seiner Sache, ebenfalls der Theologie; sie galt aber keinem Theologen. Schwer denkbar, daß er einen solchen unter den Zeitgenossen dieser Ehre gewürdigt hätte – daß die Arbeit eines solchen ihm so viel Vergnügen bereitet hätte, daß er einige Ferientage für deren Übersetzung hergegeben hätte« (ebd., 7). Es handelt sich

reits 1939 übersetzte Schrift ist ein leidenschaftliches Plädoyer für den lebendigen christlichen Glauben, der aller vermeintlichen Langweiligkeit zum Trotz gerade im Dogma seinen dramatischen Ausdruck findet:

»Der christliche Glaube ist das aufregendste Drama, das der menschlichen Einbildungskraft je geboten wurde. Und gerade im Dogma ist er als dieses Drama verstanden und dargestellt!
Wenn wir das in den Glaubensbekenntnissen der Kirche klar bezeugte Drama langweilig finden, dann haben wir diese erstaunlichen Schriftstücke entweder nie wirklich gelesen oder aber so oft gedankenlos rezitiert, daß wir alle Empfindung für ihren Sinn verloren haben. Es geht in der Handlung dieses Dramas um eine einzige Person, und sein ganzer Gang ist die Antwort auf ein einziges zentrales Problem: ›Was dünket euch um Christus‹?«[53]

Daß diese auf das christologische Dogma zentrierte Sicht des »größten Dramas aller Zeiten« Karl Barth zu fesseln vermochte, leuchtet ein. Es machte ihm in den Sommerferien 1939 »Freude«, diese Schrift aus dem Englischen zu übersetzen, und 1959 betont er: »Die Lektüre berührte mich aufs neue so frisch und lebendig«.[54]

1.4 Zum Gang und Aufbau der Arbeit

Karl Barths Übersetzung und Herausgabe der Essays von Dorothy L. Sayers verweist darauf, daß er die dramatische Denkform und Darstel-

bei der von Barth veranstalteten Ausgabe um zwei Essays D.L. Sayers (»Das größte Drama aller Zeiten«; »Der Triumph von Ostern«), die Barth – gleich der englischen Originalausgabe – unter dem gemeinsamen Titel des ersteren erscheinen ließ, »doch so, daß der Titel des zweiten ganz entfiel und durch die mangelnde äußere Zäsur der irrige, ja die Lektüre störende Eindruck entstand, es handle sich um einen einzigen durchlaufenden Aufsatz mit einem etwas wunderlichen gedanklichen Bruch in der Mitte« (*Stoevesandt*, a.a.O., 12f). Barth übersetzte die 1938 im Original erschienene Schrift in den Sommerferien 1939, »nachdem er durch Lektüre von Dorothy L. Sayers' 1939 entstandenem zweiten Canterbury-Festspiel, dem Faust-Drama ›The Devil to Pay‹, seine Eindrücke vertieft hatte« (ebd., 87). Zu Dorothy L. Sayers Schaffen vgl. jetzt auch *M. Siebald*, Dorothy L. Sayers, Wuppertal/Zürich 1989.

53 *D.L. Sayers*, Das größte Drama aller Zeiten. Aus dem Englischen übersetzt und mit einem Geleitwort von Karl Barth, Zürich 1959, 13 (1982, 27). Am »Ende des Titel-Essays heißt es (1959, 21; 1982, 33): »Wir können diese Lehre erleuchtend nennen oder verheerend. Wir können sie Offenbarung nennen oder alten Plunder. Wenn wir sie aber langweilig nennen, dann haben Worte keinen Sinn mehr. Daß Gott des Menschen Tyrann sei, das ist die düstere Meinung unfreier Sklaven. Daß der Mensch des Menschen Tyrann sei, das ist das übliche Lied menschlicher Erbärmlichkeit. Aber daß der Mensch zum Tyrannen Gottes wird und in ihm einen besseren Menschen findet als sich selber, das ist der Inhalt eines auf alle Fälle erstaunlichen Dramas.«

54 Geleitwort zu D.L. Sayers Schrift, 1959, 7 (1982, 13). Die Freude an der dramatischen Sicht D.L. Sayers vermochte Karl Barth offensichtlich weiterzugeben: Als sein Sohn *Markus Barth* seinen »theodramatischen« Entwurf (Rechtfertigung. Versuch einer Auslegung paulinischer Texte im Rahmen des Alten und Neuen Testaments, ThSt [B] 90, Zürich 1969) vorlegte, konnte er zur Erklärung seines Vorgehens, das Rechtfertigungsgeschehen als ein Drama in fünf Akten darzustellen, sagen: »Nicht umsonst haben z.B. die Evangelien, die Offenbarung des Johannes, ostkirchliche Liturgien, westliche Passionsspiele und eine Dichterin wie Dorothy Sayers dem dramatischen Christusereignis dramatischen Ausdruck verliehen.« (a.a.O., 16).

lungsweise für eine ernsthaft ins Gespräch zu bringende Möglichkeit der Wahrnehmung und Darstellung dessen, was den christlichen Glauben in seinem Zentrum ausmacht, hielt. Diese Entdeckung ermutigt dazu, Barths Äußerung in KD IV,3, daß Christologie »in allen ihren Teilen und unter jedem denkbaren Aspekt« nur die Entfaltung eines Dramas sein kann, wirklich als eine programmatische Äußerung zu verstehen.

Wir werden uns von dieser Äußerung her der Kirchlichen Dogmatik Karl Barths nähern und interpretierend und paraphrasierend zu erhellen suchen, ob und wie Barth selbst in seiner von einem christologischen Denken geprägten Dogmatik ein Drama entfaltet. Methodisch wird es dabei angemessen sein, wenn wir von Barths Äußerung in KD IV,3 her seine Darstellung der Gottes- und Erwählungslehre, der Schöpfungslehre und der Versöhnungslehre in den Blick nehmen. Wir gehen so nicht von einer »Dramen-Theorie« Karl Barths aus, sondern folgen seiner Darstellung.

Folglich können wir nicht von vornherein gleichsam einen »Theaterzettel« erstellen, auf dem wir – wie bei manchen modernen Theaterzetteln – darüber Rechenschaft ablegen, was das Eigentümliche des Dramas ist, auf dem der Titel des Stücks erscheint und die Personen des Stücks vorgeführt werden. Vielmehr werden sich diese notwendigen Klärungen erst im Laufe der Untersuchung einstellen. Wir beginnen sie im dritten Teil der Versöhnungslehre, wo sich Barths programmatische Äußerung findet und er schon formal Ansätze dazu zeigt, die dogmatische in eine dramatische Darstellungsweise zu überführen.[55]

55 Vgl. den von Barth ausgestalteten Dialog zwischen dem Menschen und dem Wort der Gnade (KD IV,3, 287).

2 »Jesus ist Sieger!«
Eingang und Ausgang des Dramas

2.1 Das Ereignishafte der gott-menschlichen Wirklichkeit als Hinweis auf den dramatischen Charakter der Christologie

Wir versuchen, Barths programmatische Äußerung zu erhellen. Dabei ist mit ihr bereits angeklungen, daß für Barth offensichtlich in dem Ereignishaften des Christusgeschehens ein Hinweis auf den dramatischen Charakter der Christologie liegt:

»Vom Sein, Handeln und Reden Jesu Christi kann man nur im Blick auf besondere Ereignisse reden: nur in Form von Erzählung einer Geschichte und je und je sich zutragender Geschichten.«[1]

Dem Ereignishaften des Christusgeschehens kann die Christologie nicht durch statische Modelle (»dunkle Metaphysik«) entsprechen.[2] Ihm entspricht wohl aber die dramatische Denkform:

»Christologie als Darstellung dieses seines Seins, Handelns und Tuns kann, soll es sich dabei um etwas Besseres als um eine dunkle Metaphysik handeln, in allen ihren Teilen und unter jedem denkbaren Aspekt nur die Entfaltung eines *Dramas* sein.«[3]

»Daß er und in ihm das Leben, der Bund, die Versöhnung leuchtet, sich enthüllt und bekanntmacht, das ist ein *Ereignis* und kann nur als solches verstanden – es kann *nur als Drama* verfolgt, vielmehr: miterlebt und daraufhin erzählt werden.«[4]

»Eine Geschichte geschieht da, ein *Drama* spielt sich da ab; ein Kampf wird da durch- und ausgefochten.«[5]

1 KD IV,3, 154.
2 Vgl. schon KD II,2, 206: »Wer und was Jesus Christus ist, das kann eben nur erzählt, nicht aber als ein System angeschaut und beschrieben werden.« Zu Barths Gebrauch und Verständnis des Begriffs »Metaphysik« vgl. *W. Härle*, Sein und Gnade. Die Ontologie in Karl Barths Kirchlicher Dogmatik (TBT 27), Berlin / New York 1975, 1, Anm. 1.
3 KD IV,3, 154.
4 KD IV,3, 190 (Hervorhebung von mir).
5 KD IV,3, 19 (Hervorhebung von mir).

Darin spricht sich aus, was man den »Aktualismus« (und sogar überspitzt den »Panaktualismus«[6]) Karl Barths genannt hat. Ob es angemessen ist, darin das »eigentliche(n), unableitbare(n) Grundprinzip« der Theologie Karl Barths zu sehen[7] oder – zurückhaltender – darin den »konkreten Seinsbegriff« Barths zu orten[8], muß in unserem Zusammenhang nicht entschieden werden. Wesentlich ist, daß diese Sicht Karl Barths einschneidende Konsequenzen für die Darstellungsweise der Christologie, ja der gesamten Dogmatik hat:

»Wer ›Jesus‹ sagt, der sagt doch eben sofort und unvermeidlich: *Geschichte* – seine Geschichte –, die Geschichte, in der er ist, der er ist, und tut, was er tut. In seiner Geschichte kennen wir Gott, erkennen wir auch das Böse, erkennen wir ihr Verhältnis – nicht anderswo als da und nicht anders als so, wie es sich da zu erkennen gibt.«[9]
Denn das Dasein Jesu Christi ist »*aktuelles* Dasein, Dasein in einem *Vollzug*. So ist der lebendige Gott in dem ihm selbst entspringenden und durch ihn selbst in Freiheit ausgeführten *Vollzug*, in der schlechthin souveränen Aktualisierung seines Seins. So aber ist auch jede lebendige Kreatur im Gebrauch des ihr im Zusammenhang mit allem anderen geschöpflichen Leben von Gott verliehenen Vermögens, im *Vollzug* ihres besonderen Seins.«[10]

Christologisches Denken in der Dogmatik wird sich so nach Barth nur im Wahrnehmen solcher Ereignisse und Vollzüge, nur in Entsprechung zu diesem ereignishaften In-Beziehung-Sein von Gott und Mensch vollziehen können. Die Konzentration auf das Ereignishafte, Geschichtliche, Relationale[11] und Dialogische der Wirklichkeit von Gott und Mensch ist es wohl, die dem theologischen Denken Karl Barths den Weg dazu weist, Christologie »in allen ihren Teilen und unter jedem denkbaren Aspekt« als die Entfaltung eines Dramas zu begreifen.

2.2 »Geschichte« und »Drama«

Nun ist es den eben aufgenommenen Äußerungen Barths zum dramatischen Charakter des Christusgeschehens und der Christologie eigen, daß in ihnen die Worte »Geschichte« und »Drama« in enger Verbindung, wenn nicht gar synonym gebraucht werden. Wir werden also – vorläufig – zu fragen und aufzuzeigen haben, was das Besondere des »Dramas« im Vergleich und im Verhältnis zu »Geschichte« ist. Dabei hilft ein Blick auf den Kontext: Die bisher betrachteten Äußerungen Barths stammen

6 Vgl. *H.G. Pöhlmann*, Analogia entis oder Analogia fidei? Die Frage der Analogie bei Karl Barth, Göttingen 1965, 116ff.
7 So *Pöhlmann*, a.a.O., 116.
8 So *W. Härle*, a.a.O., 291: »Das Konkrete des Barthschen Seinsbegriffs ist seine Akthaftigkeit, seine Aktualität.«
9 KD IV,3, 205.
10 KD IV,3, 42.
11 *Härle*, a.a.O., 292, spricht von Barths »Ontologie der Beziehung«, *Krause*, a.a.O., 259, von der »relationalen Denkstruktur« Karl Barths.

aus dem § 69, in dem er nach der Darlegung des grundlegenden »Was« des Versöhnungsgeschehens (KD IV,1.2) damit beginnt, den bestimmten Charakter des Versöhnungsgeschehens (»als das Wie dieses Was«[12]) zu thematisieren. Es ist hier davon zu reden, »daß die Versöhnung sich, indem sie geschieht, auch *kundgibt*«.[13] Zur Darstellung und Behandlung dieses »dritten Problems der Versöhnungslehre«[14] wählt Barth in § 69,2 den Grundgedanken: Jesus Christus ist das Leben; *»das Leben ist* als solches auch *Licht*«.[15] Damit soll ausgedrückt werden, daß die Geschichte Jesu Christi, der Bund und die Versöhnung *sich darstellen*, sich in Wort und Handlung kundgeben. Die charakteristische Art und Weise, in der sich solche Darstellung und Kundgabe ereignet, in der das Leben Licht, der Bund Wort, die Versöhnung Offenbarung ist, beschreibt Barth nun als »Drama«:

»In dem ›ist‹, mit dem wir das Leben dem Licht, den Bund dem Wort Gottes, die Versöhnung der Offenbarung, Jesus Christus den Hohepriester und König Jesus Christus dem Propheten gleichgesetzt haben, verbirgt sich ein *Drama*.«[16]

»Leben«, »Bund« und »Versöhnung« sind, wie Barth eigens betont, schon jeweils für sich Ereignishaftes, »Geschichte«.[17] Aber in der Einheit von Leben und Licht, von Versöhnung und Offenbarung wird Geschichte zur Geschichte »im eminenten Sinn«.[18] In der Einheit von Leben und Licht, als sich in Wort und Handlung darstellende Geschichte – oder wie Barth sagt: als für sich selbst »*sprechende* Tatsache«[19] – wird die Geschichte Jesu Christi ein *Drama*.
Das Gegenteil der Geschichte Jesu Christi als einer für sich selbst *sprechenden* Tatsache wäre eine stumme und einseitige Aktion. Würde Gott in der Geschichte Jesu Christi so handeln, »wo er – so möchte man meinen – durch einseitige und stumme Tat viel direkter und sicherer zu seinem Ziel kommen konnte«[20], dann wäre diese Geschichte zutiefst »undramatisch«. Im Blick auf das Leben als Licht, den Bund als Wort, die Versöhnung als Offenbarung muß man aber sehen und sagen, daß Gott es nicht zu gering ist:

»statt über des Menschen Kopf weg zu handeln, statt ihn einfach vor vollendete Tatsachen zu stellen, ... mit ihm über das Alles zu reden, ihm sein Tun gewissermaßen in Form eines

12 KD IV,3, 7.
13 KD IV,3, 8f.
14 So das Thema von § 69,1 (KD IV,3, 1–40).
15 KD IV,3, 188.
16 Ebd.
17 Vgl. KD IV,3, 189: »Von *Geschichte* reden ja, jeder für sich, schon die hier einander gleichgesetzten Begriffe ›Leben‹ oder ›Bund‹ oder ›Versöhnung‹ auf der einen – und ›Licht‹ oder ›Wort‹ oder ›Offenbarung‹ auf der anderen Seite.«
18 KD IV,3, 209; vgl. 240f.
19 KD IV,3, 188; vgl. 253: »für sich selbst sprechendes Faktum«, 565: »für sich selbst sprechend geschehen«.
20 KD IV,3, 260f.

ihm gemachten Angebotes zur Kenntnis zu bringen, sein Gehör und seinen Gehorsam in Anspruch zu nehmen, auf seine Antwort und Reaktion zu warten«.[21]

Daran wird deutlich, daß die Geschichte Jesu Christi als sich kundgebende und darstellende Geschichte – also als »Drama« – »auch des Menschen Freiheit impliziert und respektiert«.[22]

Barth hat das, was er in KD IV,3 die »sprechende Tatsache« der Geschichte Jesu Christi nennt, auch schon zuvor, z.B. in KD III,2, beschrieben. Schon hier wird deutlich, daß die Weise, in der Gott Geschichte macht, »dramatisch« ist – und nicht die Weise »eines zwingenden Schicksals und nicht die einer überlegenen Naturmacht«[23]: »Er handelt also gerade nicht in der Weise einer mechanischen Verrichtung, in welcher das Geschöpf nur die Materie wäre, über welche verfügt wird, ohne daß ihr gesagt wird, ohne daß sie zu wissen bekommt, was mit ihr geschieht. Er verfügt vielmehr in der Weise über das Geschöpf, daß er zugleich mit ihm redet. Es ist die Allmacht seines Tuns die Allmacht der *Wahrheit*, die als solche nicht äußerlich überwältigen, sondern für sich selber *sprechen*, die *belehren*, die *überzeugen*, die *Anerkennung* suchen und finden und gerade in dieser ihr eigenen Weise mächtig sein und das Feld behaupten will.«[24]

Exkurs
»Undramatischer Kern« – »dramatische Schale«?
Beobachtungen zur Entwicklung der dramatischen Sicht des Offenbarungsgeschehens bei Karl Barth

Zum Verständnis dessen, was Barth die »sprechende Tatsache« der Geschichte Jesu Christi nennt, wäre es nun möglich, die Parallelausdrücke, die hier neben »Drama« gebraucht werden, zusammenzustellen und zu vergleichen: »Geschichte«, »Aktion«, »Ereignis«, »Akt«. Erhellender noch ist aber ein Blick auf die Entwicklung der dramatischen Sicht des Offenbarungsgeschehens, wie sie sich in Karl Barths Auseinandersetzung mit der »Entdramatisierung« des christlichen Glaubens in der Theologie seiner Lehrer anzeigt.
War im Bereich der liberalen Theologie die dramatische *Form*, in der sich der christliche Glaube in den Zeugnissen der Bibel darstellt, durchaus gesehen und bemerkt worden, so war doch zugleich nachdrücklich dessen undramatischer Kern herausgearbeitet worden.
In Adolf von Harnacks Vortragsreihe »Das Wesen des Christentums«[25] begegnet diese Unterscheidung in einer prägenden Gestalt. Der beeindruckende Zugangsweg und zugleich der problematische hermeneutische Schlüssel, den Harnack zum Wesen des Christentums sah, begegnet ja in diesen Überlegungen:

21 KD IV,3 260.
22 KD IV,3, 261.
23 KD III,2, 177.
24 Ebd.
25 *A. von Harnack*, Das Wesen des Christentums. Neuausgabe, mit einem Geleitwort von Rudolf Bultmann, Berlin 1950.

»Es sind hier nur zwei Möglichkeiten: entweder das Evangelium ist in allen Stücken identisch mit seiner ersten Form: dann ist es mit der Zeit gekommen und mit ihr gegangen; oder aber es enthält immer Gültiges in geschichtlich wechselnden Formen. Das letztere ist das Richtige... Wir werden sehen, daß das Evangelium im Evangelium etwas so Einfaches und kraftvoll zu uns Sprechendes ist, daß man es nicht leicht verfehlen kann.«[26]

Wie Adolf von Harnack den Kern des Evangeliums dann umschreibt, ist bekannt: Er sieht ihn in der Botschaft vom Reich Gottes im Herzen des einzelnen, in der Botschaft von Gott, dem Vater, und dem unendlichen Wert der Menschenseele, im darin beschlossenen Gebot der Liebe. Und selbst wenn Harnack noch einmal unterscheidet zwischen den »ruhenden« und den »zündenden und impulsiven« Elementen im Evangelium[27], bleibt die Ruhe der Gotteskindschaft der so geadelten Seele das Übergreifende, jede Dramatik Ausschließende.
Denn, so führt er aus, »dieser ganze dramatisch-eschatologische Apparat«, der im biblischen Glauben und der Verkündigung Jesu anzutreffen ist, »das Reich Gottes kommt, das Ende ist nahe, usw.«[28], gehört zur zeitgeschichtlichen Schale, zu dem, was den Menschen Jesus ganz einfach mit seiner Zeit und ihrer Vorstellungswelt verband. Harnack will ja den Kern der Botschaft Jesu in dem sehen, was ihn von seiner Umwelt und der Einbettung in die alttestamentliche Glaubenswelt abhebt. Wenn es sich da um »Gott und die Seele, um die Seele und ihren Gott handelt«[29], dann gilt: »Alles Dramatische im äußeren, weltgeschichtlichen Sinn ist hier verschwunden...«[30]
Während im Kern der Botschaft Jesu »alles auf die Höhe einer geistigen und sittlichen Anschauung erhoben« ist, scheint vor und neben ihm »das ganze Drama mit einem politischen Siege des Volkes schließen zu sollen«.[31] Es verdient, bemerkt zu werden, wie stark Adolf von Harnack schon in der Wahl der Worte auf eine Entdramatisierung des Christlichen dringt. Die Betonung des bleibenden und den Menschen auszeichnenden Gottesverhältnisses, das der vermeintlich zeitlose Kern des Evangeliums ist, führt ihn zur Ausblendung der dramatischen Momente, die die Erzählung, Sprache und Erwartung der biblischen Zeugen prägen. In der Darstellung dessen, was im Sinne Jesu »Reich Gottes« bedeutet, tritt dies noch einmal besonders klar hervor:

»Auch Jesus ist, wie alle in seinem Volke, die es ernst und tief meinten, durchdrungen gewesen von dem großen Gegensatz des Gottesreiches und des Weltreiches, in welchem er das Böse und den Bösen regieren sah ... Kampf und Sieg stehen in dramatischer Schärfe und in großen, sicheren Zügen vor seiner Seele, in jenen Zügen, in denen sie die Propheten selbst geschaut hatten. Am Schluß des Dramas sieht er sich selbst zur Rechten des Vaters und seine zwölf Jünger auf Thronen sitzen und richten die zwölf Stämme Israels;

26 A.a.O., 9.
27 A.a.O., 38.
28 A.a.O., 25.
29 A.a.O., 34.
30 Ebd.
31 A.a.O., 81.

so anschaulich, so ganz in den Vorstellungen seiner Zeit stand das alles vor ihm. Man kann nun so verfahren – und nicht wenige unter uns verfahren so –, daß sie diese dramatischen Bilder mit ihren harten Farben und Kontrasten für die Hauptsache erklären und für die Grundform der Verkündigung Jesu, der alle übrigen Aussagen einfach unterzuordnen seien; ... maßgebend sei allein die dramatische Zukunftserwartung. Ich vermag mich dieser Betrachtung nicht anzuschließen.«[32]

Ja, in diesem Gegensatz »das Reich Gottes einerseits so dramatisch und zukünftig zu fassen und dann doch wieder zu verkündigen: ›es ist mitten unter euch‹, es ist eine stille, mächtige Gotteskraft in den Herzen«[33], stellt Harnack als Kern des Evangeliums die Botschaft von der Klarheit und Ruhe der Gotteskindschaft heraus. Der Gewinn dieses Vorgehens liegt für ihn auf der Hand: Das fremde Welt- und Geschichtsbild der Bibel ist als überwindbare und überwundene Schale von der Sache des Evangeliums unterschieden, freigelegt sind dessen zeitlos gültige Elemente.

In einer gewissen Statik stehen sich das zeitlose Evangelium und der Mensch, dem es gilt, gegenüber: »Diese Elemente sind ›zeitlos‹. Aber nicht nur sie sind es; auch der ›Mensch‹, an den sich das Evangelium richtet, ist ›zeitlos‹, d.h. es ist der Mensch, wie er trotz allem Fortschritt der Entwicklung in seiner inneren Verfassung und in seiner Grundbeziehung zur Außenwelt immer derselbe bleibt. Weil dem so ist, darum bleibt das Evangelium auch für uns in Kraft.«[34]

Eine »*Zuschauer*theologie« wird Karl Barth mit bezeichnendem Rekurs auf ein Wort aus dem Raum des Dramatischen dem einstmaligen Lehrer Adolf von Harnack vorwerfen, als es 1923 in der »Christlichen Welt« zur berühmt gewordenen Auseinandersetzung der beiden kommt.[35] »Zuschauertheologie« – mit diesem Vorwurf wird es gar nicht nur um eine Auseinandersetzung mit Adolf von Harnack selbst, sondern um einen Angriff auf die liberale Theologie seiner Zeit, ja um einen Protest gegen jede Art von Theologie gehen, die meint, Gott sicherstellen, in den Griff ihrer Systeme bekommen zu können. Und zeit seines Lebens wird Barth geltend machen, daß der Mensch als der von Gott angesprochene, aufgerufene und gesuchte Mensch ebendies nicht sein kann: ein ruhiger Zuschauer der Wege Gottes und der Welt.

Noch ist es auch bei ihm nicht deutlich, daß sich ihm jener Begriff aus dem Bereich des Dramatischen nicht zufällig aufdrängt, sondern auf die der Theologie eigene Dramatik weist. Vielmehr wird er erst *auf dem Weg über einen extremen Aktualismus und die Wahrnehmung des Dialogischen in der Offenbarung zur Ausgestaltung seiner dramatischen Bundestheologie* kommen, der unsere Untersuchung gilt.

Im Vorfeld dazu ist das große Pathos des theologischen Aufbruchs Karl

32 A.a.O., 32f.
33 A.a.O., 33.
34 A.a.O., 89.
35 *K. Barth*, Sechzehn Antworten an Herrn Professor von Harnack, in: *K. Barth*, Klärung und Wirkung. Zur Vorgeschichte der »Kirchlichen Dogmatik« und zum Kirchenkampf, hg. von *W. Feurich*, Berlin 1966, 342–347, hier 346.

Barths bislang noch nicht unter dem Gesichtspunkt des Dramatischen betrachtet worden. Und doch kann schon ein Achten auf die Sprachgestalt jener Texte aus der Zeit nach dem Ersten Weltkrieg sehr aufschlußreich sein. War der Kern des Christlichen bei Adolf von Harnack als etwas Ruhiges, Einfaches, Klares benannt worden, so ist hier alles in Bewegung: Die immer wieder zitierten Sätze aus Barths Tambacher Vortrag »Der Christ in der Gesellschaft«[36] können dabei unsere Vermutung erläutern, daß die Entdeckung des Ereignishaften, Aktualen und Geschichtlichen ein Schritt auf dem Weg zur Dramatik in der Theologie ist. Barth wehrt sich in jenem Vortrag leidenschaftlich schon gegen die Annahme, der Theologe könne von irgendeinem Standort aus Gott und die Welt beurteilen, das Wesen des Christentums und die Rolle des Christen in der Welt bestimmen. »Kein Standort außerhalb« – so wird der Ruf lauten, wo auch immer Theologie aus gleichsam epischer Distanz eintritt in die dramatische Bewegung[37]:

»›Standort‹ ist schon nicht das richtige Wort. Denn unsere Stellung zur Lage ist tatsächlich ein Moment einer *Bewegung*, dem Augenblicksbild eines Vogels im Fluge vergleichbar, außer dem Zusammenhang der Bewegung ganz und gar sinnlos, unverständlich, unmöglich. Damit meine ich nun freilich weder die sozialistische noch die religiös-soziale Bewegung noch die allgemeine, etwas fragwürdige Bewegung des sogenannten Christentums, sondern *die* Bewegung, die sozusagen senkrecht von oben her durch alle diese Bewegungen hindurchgeht, als ihr verborgener transzendenter Sinn und Motor, *die* Bewegung, die nicht im Raum, in der Zeit, in der Kontingenz der Dinge ihren Ursprung und ihr Ziel hat und die nicht eine Bewegung neben anderen ist: ich meine die Bewegung der Gottesgeschichte ...«[38]

Diese Bewegung wahrzunehmen, zu erkennen und anzuerkennen – darum soll es in der Theologie nach Barth gehen: »Um *Gott* handelt es sich, um die Bewegung *von Gott her*, um unser Bewegtsein durch *ihn*, nicht um Religion.«[39] Da kann es nun nicht mehr um konstante Verhältnisbestimmungen und zeitlose Größen gehen: »Wir sind keine unbeteiligten Zuschauer. Wir *sind* von Gott bewegt... Die unselige Statik eines konstanten Verhältnisses zwischen Gott und Mensch ist überwunden. Unser Leben gewinnt Tiefe und Perspektive. Wir stehen mitten in einer tragischen, aber auch zielgewissen Reihe göttlicher Taten und Erweisungen.«[40]

Geschichte, Bewegung, Ereignis – die Wirklichkeit Gottes, die im theologischen Aufbruch Karl Barths als Anfang aller Theologie zur Geltung gebracht wird, sperrt sich gegen alle statischen Denk- und Darstellungsweisen. Wie aber dann? Wie kann der Bewegung der Gottesgeschichte theologisch entsprochen werden?

36 *K. Barth*, Der Christ in der Gesellschaft, in: *ders.*, Das Wort Gottes und die Theologie. Gesammelte Vorträge, München 1924, 33–69.
37 Vgl. *von Balthasar*, TD II,1, 48ff (»kein Standort außerhalb«).
38 *Barth*, Der Christ in der Gesellschaft, a.a.O., 40.
39 Ebd., 41.
40 Ebd., 49f.

Noch führt die einseitige Betonung der schlechthinigen Souveränität Gottes bei Barth zu einem Proklamieren dieser Geschichte. Es bedarf der Ernstnahme des Dialogischen und Personalen in diesem Geschehen, damit aus der »senkrecht von oben« einfallenden Bewegung ein »Drama« wird.

Ebenjene Entwicklung auf ein dramatisches Verständnis der Gottesgeschichte hin spiegelt sich in Barths Dogmatik-Entwurf von 1927.[41] Das Verhältnis von Gott und Mensch im Offenbarungsgeschehen wird hier wohl weiterhin im Betonen der Souveränität und Überlegenheit Gottes bestimmt. Charakteristisch wird aber, daß Barth hier heraushebt, »daß es eine Begegnung ist«[42]. Eine Begegnung, in der Gott zwar »dem Menschen in nicht nur quantitativer, sondern qualitativer Überlegenheit gegenübertritt«[43], die menschliche Freiheit und Tat aber nun ihrerseits gefragt und dabei ist.

Diese Begegnung, schreibt Barth, dürfte dem Menschen »nicht so widerfahren, wie ein Hagelwetter oder ein Erdbeben widerfährt«.[44] Es müßte vielmehr, so heißt es weiter, »diese Begegnung Frage und Antwort, Sprechen und Hören, Geben und Nehmen zwischen ihm und Gott bedeuten; er müßte ein Handelnder sein in diesem Verhältnis, nicht etwa bloß ein wachsender Zweig am göttlichen Baume oder ein fliegendes Blatt im göttlichen Winde oder ein Tropfen im göttlichen Meer oder ein Stein von der göttlichen Lawine oder gar ein Rad, angetrieben vom göttlichen Motor.«[45]

Und so begegnet hier, wo bei Barth das Ereignishafte und das Personale und Dialogische zusammenkommen, wo er betont, daß das Verhältnis zwischen Gott und Mensch »auch in diesem Sinn ein freies, nicht ein statisches«[46] sein könne, m.W. erstmals der Ausdruck »Drama« für das Geschehen zwischen Gott und Mensch in einem prägnanten Sinn: »Ein Gespräch müßte also diese Beziehung sein, ein Kampf, ein Drama ...«[47]

2.3 »Jesus ist Sieger!«

Wir kehren zum Ausgangspunkt unserer Untersuchung im dritten Teil der Versöhnungslehre Karl Barths zurück. Uns war dort im Zusammenhang des § 69,2, der die Geschichte Jesu Christi als »das Licht des Le-

41 *Barth*, Die christliche Dogmatik im Entwurf (Karl-Barth-Gesamtausgabe II,14), Zürich 1982.
42 A.a.O., 389.
43 Ebd.
44 A.a.O., 390.
45 Ebd.
46 Ebd.
47 A.a.O., 391. Auf diese Wende in Barths Offenbarungsverständnis weist auch hin *I. Klaer*, Überlegungen zum Offenbarungsbegriff Karl Barths, in: Theologie als Christologie. Zum Werk und Leben Karl Barths. Ein Symposium, hg. von H. Köckert und W. Krötke, Berlin 1988, 90–105, hier 96.

bens« thematisiert, ein erstes Wesensmerkmal des Dramas mit Barths Sicht der »sprechenden Tatsache« der Geschichte Jesu Christi begegnet, das im Blick auf die Entwicklung des Offenbarungsverständnisses Karl Barths noch konkreter faßbar wurde. Barth setzt nun neben die Betrachtung der Geschichte Jesu Christi als Licht des Lebens den § 69,3: »Jesus ist Sieger!«. Damit wird ein Zug verstärkt, der schon in der Rede vom »Licht« angelegt ist: Das Licht leuchtet – als das Licht in der Finsternis und im Kampf gegen die Finsternis.[48] Die Geschichte Jesu Christi *stellt* sich *dar* – und sie stellt sich *polemisch* dar:

»Indem er sich offenbart und zu erkennen gibt, bekommt seine Geschichte – auch als die unsere eigene Geschichte übergreifende und einbegreifende Geschichte – *den spezifischen Charakter eines Dramas*, das in einem *Kampf* besteht.«[49]

Sucht man nach einem Titel für das von Barth gesichtete Drama, so wird er deshalb nur in dem Ruf bestehen können: »Jesus ist Sieger!«

»Er redet vom Ausgang, eben damit aber auch vom Eingang der Aktion, um die es da geht: eben damit aber auch von der konkreten Dynamik und Teleologie ihres Ganges von ihrem Anheben her zu ihrem Ziele hin.«[50]

Alles, was in der Entfaltung des Dramas begegnen wird: der Schauplatz des Dramas, sein Eingang und Ausgang, die Mitspieler, das Widerspiel und der Gegenspieler, erhält von der Hauptperson her seine Funktion und Rolle. Das von Johann Christoph Blumhardt[51] übernommene Wort »Jesus ist Sieger!« redet »von dem *Subjekt* der Aktion, von der *beherrschenden Figur* des Dramas, von dem *Helden* des Kampfes, der uns hier beschäftigt«.[52]

Schon unsere Begegnung mit Karl Barths Sicht des Ereignishaften läßt es einleuchtend erscheinen, daß als Titel des Dramas keinesfalls etwas Statisches – ein Prinzip – in Frage kommen kann. Das Drama kann deshalb nicht heißen: »Der Triumph der Gnade«. Ein solches Prinzip kann nach Barth dem dramatischen Charakter der Christologie nicht entsprechen. Wer Barths Theologie von einem solchen Prinzip her deuten wollte, würde ihr nicht gerecht werden. Und wohl nur, wenn man Barths Theologie von einem solchen Prinzip her angeht, kommt man zu dem Eindruck, sie wäre »undramatisch«.

48 Daß es zur Eigenart des »Lichtes« gehört, zu leuchten und damit in eins gegen die Finsternis zu streiten und zu siegen, hat Barth schon in KD III,1 hervorgehoben, wo er – in Auslegung von Gen 1,3–5 – das Licht als das erste Geschöpf und als »Vorbild der Offenbarung« (KD III,1, 132) beschreibt: »Eben das natürliche Licht als solches ist die unwiderleglich und unwiderrufbar ausgesprochene Ankündigung des Lebens und damit negativ: der Besiegung, Ausscheidung, Verdrängung und Vertreibung jener anderen Wirklichkeit, die Gott nicht will und nicht schafft« (130).
49 KD IV,3, 214; Hervorhebung z.T. von mir.
50 KD IV,3, 192.
51 Vgl. zu Barths Blumhardt-Sicht: KD IV,3, 192–196; KD IV,4 (Nachlaß), 443–450.
52 KD IV,3, 196.

Deshalb hat sich Barth auch gerade in dem uns beschäftigenden Teil der Versöhnungslehre breit mit dem »Der Triumph der Gnade in der Theologie Karl Barths« überschriebenen Buch von G.C. Berkouwer[53] auseinandergesetzt. Berkouwer hatte durch seine Deutung den Eindruck erweckt, daß sich bei Barth alles »nur eben unaufhaltsam, gefahrlos, im letzten tief unproblematisch abwickeln, vielleicht nur wie ein aufgezogenes Uhrwerk abspielen könne«[54]. Barth hatte darauf erwidert:
»Eben so kann ich meine Absicht nicht verstanden finden. Eben an dem ist es doch nicht, daß ich einfach das Prinzip ›*Gnade*‹ geradlinig zu Ende denken möchte, um so ... zum Begriff eines uneingeschränkten ›*Triumphs* der Gnade‹ vorzustoßen. Ein solches Unternehmen würde auch ich für illegitim halten.«[55]
Wohl aber wollte Barth festhalten, »daß *Jesus* Sieger ist, vom ersten Schritt an und dann auf der ganzen Linie«.[56] Den Satz, daß Jesus Sieger ist, konnte er für »indiskutabel« erklären[57]: zum einen im Blick auf die Frage: »Wo in der Bibel ist das anders gesehen?«[58], und zum anderen im Blick darauf, daß Jesus Christus als lebendige Person – vertrauenserwekkend und unbedingt vertrauenswürdig – auf den Plan tritt. Dieser lebendigen Person – keinem abstrakten Prinzip – hat christologisches Denken in der Dogmatik gerecht zu werden. Die Dogmatik vermag dies nicht, indem sie versucht, hier alles in den Griff zu bekommen, sondern nur, indem sie der freien Tat dieser Person – nun auch in der Darstellungsweise – entspricht: »In der freien, in keiner Synthese zu erfassenden, keiner Verfügung zugänglichen Tat dieser Person wirkt sich ja die göttliche und also schlechthinige Überlegenheit dieses Partners aus, vollzieht sich ja die Bestimmung der Situation zwischen ihm und seinem Gegenpartner – nicht anders!«[59]

2.4 »Freiheit und Liebe« – Dramatische Aspekte in Karl Barths Gotteslehre

Von seiner beherrschenden Figur, von Jesus Christus her muß also das Drama gesichtet werden. Und im Betrachten seines Titels »Jesus ist Sieger!« schien auf, daß es in ihm um Gottes freie und zugleich zutiefst engagierte Aktion geht. Soll dies gelten, dann haben wir von unserem Ausgangspunkt im dritten Teil der Versöhnungslehre zurückzufragen: Welchen Anhalt hat das Drama an Gottes ewigem Sein und Wirken?

53 Deutsche Übersetzung: Neukirchen-Vluyn 1957.
54 KD IV,3, 199.
55 KD IV,3, 200.
56 Ebd.
57 KD IV,3, 201; vgl. KD IV,1, 159: »Daß er Sieger ist, ist also das christliche Axiom...«
58 KD IV,3, 202.
59 KD IV,3, 201; Sperrung getilgt.

Um eine Rückfrage und »Retrospektive« wird es hier im Sinne Barths ja überhaupt gehen müssen, da die das Drama erschließende Sicht nicht durch einen apriorischen Blick ins »Rollenbuch der Trinität«, sondern im Wahrnehmen der konkreten Rolle und Person Jesu Christi gewonnen wird. Dabei scheint unsere Fragestellung gerade bei Karl Barths Gotteslehre an ihre Grenzen zu kommen: In der gesamten Gotteslehre der Kirchlichen Dogmatik (KD II,1 und II,2) begegnet das Stichwort »Drama« nicht in einem spezifischen Sinn. Und auch die sprachlichen Anleihen beim Bühnen- oder Theatergleichnis, die uns im dritten Teil der Versöhnungslehre so prägend entgegentraten, fehlen hier fast völlig. Doch es geht ja auch hier nicht um eine abstrakte Explikation des Satzes »Gott ist«[60], sondern um Gottes *Selbstdarstellung*[61], darum, sie »anzuschauen«, »zu betrachten und zu bedenken«.[62] Barth will die Gotteslehre nicht in einem »leeren Raum« entfaltet sehen, in den hinein dann die Begriffe und Anschauungen des menschlichen Gottesgedankens und etwa eine Sammlung von Schriftaussagen zu stellen wären.[63] Vielmehr hat die Gotteslehre der konkreten Selbstdarstellung Gottes zu entsprechen. Begegnet sie nun als dramatische Selbstdarstellung, dann wird die Gotteslehre zu zeigen haben, wie dies in Gottes ewigem Sein und Wesen begründet ist. Barth geht diese Aufgabe an, indem er den *Zusammenhang von Gotteslehre und Trinitätslehre* festhält, damit die Notwendigkeit aufweist, *vom Sein Gottes in Handlungsbegriffen zu reden*, in der Eigenschaftslehre bewußt eine *paarweise Anordnung von Gottes Vollkommenheiten* vornimmt und die *Erwähnungslehre als Teil der Gotteslehre* behandelt. Das heißt: Mit der konkreten *»Rolle«* Jesu Christi wird auch das Geheimnis seiner *Person* offenbar, aus der ökonomischen Trinität sind die Aussagen über die immanente Trinität abzulesen[64], von der Handlung her wird der Handelnde offenbar.

60 Vgl. KD II,1, 288.

61 KD II,1, 396. Barth weist hier den Eindruck einer gewollten und aufgesetzten Systematisierung zurück und meint: »Man bemerke: Was hier an unvermeindlicher Systematisierung sichtbar werden mag, ist Mittel zum Zweck. Der Zweck ist die möglichst konkrete, d.h. dem lebendigen Gott in seiner Selbstdarstellung möglichst folgende und entsprechende Beantwortung der Frage: Wer und was ist Gott?« Fast wörtlich wiederholt in KD II,1, 497.

62 KD II,1, 414.

63 Vgl. KD II,1, 292.

64 Es gilt also die Regel, »daß die dogmatischen Aussagen über die immanente Trinität inhaltlich abgelesen werden können und müssen aus den Bestimmungen über die Seinsweisen Gottes in der Offenbarung« (KD I,1, 509). Um dem Charakter der Erwählung und Sendung Jesu Christi als einem Ereignis freier Gnade zu entsprechen, bleibt aber eine »distinctio rationis« zwischen immanenter und ökonomischer Trinität, wie sie sich in der Vorordnung der Erwählungslehre vor der Versöhnungslehre anzeigt. Vgl. dazu: *E. Jüngel*, Das Verhältnis von »ökonomischer« und »immanenter« Trinität, in: *ders.*, Entsprechungen: Gott–Wahrheit–Mensch. Theologische Erörterungen, München 1980, 265–275.

»Was oder wer ›ist‹ Gott? Wollen wir diese Frage legitim und sinnvoll beantworten, dann dürfen unsere Gedanken keinen Augenblick anderswohin streben als zu Gottes *Tat* in seiner Offenbarung, keinen Augenblick anderswoher kommen, als eben von daher.«[65]

»Handeln« ist so nicht etwas, was nur äußerlich zu Gottes ewigem Sein und Wesen dazukommen würde. Vielmehr ist, wie es eine Überschrift im § 28 der KD anzeigt, »Gottes Sein in der Tat«.

»Wir können, indem wir Gott in seiner Offenbarung suchen und finden, über Gottes Handeln nicht hinauskommen zu einem *nicht* handelnden Gott.«[66]

In immer neuer Eindringlichkeit bewegt Barth schon hier in der Gotteslehre die Alternative zwischen dem, was er am Ausgangspunkt unserer Untersuchung in KD IV,3 mit der Unterscheidung von »dunkler Metaphysik« und der »Entfaltung eines Dramas« benennt. Wenn er von »Gottes Sein in der Tat« redet, dann ist damit ja die Kritik an einem Ausgang vom metaphysischen Gottesgedanken präsent, in dessen Folge die Absolutheitsprädikate favorisiert und Gottes Wesen in eigentümlicher Unbeweglichkeit und Unveränderlichkeit beschrieben wurden. Die dramatische Perspektive, zu der sich die Gotteslehre bei Barth öffnet, ist so ein Gegenentwurf zu der

»eigentümlichen Konzeption der Kirchenväter und der Scholastiker, die sich auch die altprotestantische Orthodoxie alsbald auf's neue zu eigen machte, laut welcher Gott vor lauter Aseität, Einfachheit, Unveränderlichkeit, Unendlichkeit usw. eigentlich Alles, nur kein lebendiger, nämlich kein in konkreter Entscheidung lebendiger Gott sein durfte: laut welcher ihm solche Lebendigkeit nur uneigentlich, in seinem Verhältnis zur Welt und nicht wesentlich zukommen, im Grunde also nur zugeschrieben werden durfte, während man sein Wesen, seine Gottheit seltsamerweise gerade in seiner Unbeweglichkeit über und hinter seinem lebendigen Handeln in der Welt suchen zu sollen glaubte«.[67]

Daß Gottes Sein dagegen als ein in sich bewegtes, lebendiges und entschiedenes Sein zu verstehen ist, macht Barth in § 28 der KD dadurch deutlich, daß er »Gottes Sein in der Tat« als ein »Sein in Person« und ein »Sein in der Entscheidung« aufweist. »Handlung« nämlich ist mehr als nur »Ereignis«, mehr als nur »Akt«:

»Die Besonderheit des göttlichen Ereignisses, Aktes und Lebens ist die Besonderheit des Seins einer *Person*. Wir reden von einem Handeln, von einer Tat, wenn wir von dem Sein Gottes als einem Geschehen reden. Es besteht ja die Spitze alles Geschehens in der Offenbarung nach der Heiligen Schrift darin, daß Gott als ein Ich *redet* und von einem Du *gehört* wird.«[68]

Handlung – und in diesem Sinne »Drama« – wird also möglich, weil Gott

65 KD II,1, 292.
66 KD II,1, 294.
67 KD II,2, 85.
68 KD II,1, 300.

nicht als »jenes punktuelle oder lineare Wesen«[69] hinter dem Gang der Dinge, sondern als von vornherein engagiert zu denken ist. Handlung – und in diesem Sinne »Drama« – wird aber auch möglich, weil dieses Engagement als Gottes Engagement und *nicht als der »mechanische Ablauf eines Prozesses«*[70] ins Spiel kommt:

»Daß Gottes Sein Ereignis, das Ereignis von Gottes Tat ist, das muß (wenn wir, indem wir von ihm reden, nicht anderswohin als auf seine Offenbarung blicken wollen) dies bedeuten: daß es seine eigene, bewußte, gewollte und vollbrachte *Entscheidung* ist.«[71]

Jene doppelte Aufgabe, Gottes Sein als von vornherein engagiert und dieses Engagement als Gottes Engagement deutlich werden zu lassen, hat Barth dann – grundlegend für seine ganze Eigenschaftslehre – in § 28 der KD mit der Bestimmung von »Gottes Sein als der Liebende in der Freiheit«[72] aufgenommen. In der Spannung von Liebe und Freiheit begegnet »die Bewegung des *Lebens*, in welchem Gott Gott ist«.[73] Und in der Durchführung der Lehre von Gottes Vollkommenheiten mit ihrer bewußt paarweisen Anordnung zeigt sich an, daß eine »statische(n) Systematik ... der Ordnung im Wesen Gottes gerade nicht gerecht« wird[74], wohl aber die dramatische Spannung, die Gott als den Liebenden in der Freiheit zeigt:

Der in Freiheit *Liebende*	und	Der in der Liebe *Freie*
§ 30,1 Gnade und Heiligkeit		§ 31,1 Einheit und Allgegenwart
§ 30,2 Barmherzigkeit und Gerechtigkeit		§ 31,2 Beständigkeit und Allmacht
§ 30,3 Geduld und Weisheit		§ 31,3 Ewigkeit und Herrlichkeit

2.5 »Der Vollzug einer Absicht« – Karl Barths Erwählungslehre und das Bundesdrama

Mit dem Ruf »Jesus ist Sieger!« waren wir dem Titel, waren wir dem Eingang und Ausgang des von Karl Barth gesichteten Dramas begegnet. Die Hinweise auf die »sprechende Tatsache« und den polemischen Zug der Geschichte Jesu Christi haben uns zwei wichtige Charakteristika des Dramas kennenlernen lassen. Und der Blick auf Karl Barths Gotteslehre hat gezeigt, wie es von Gott her Handlung geben kann. Dabei haben wir bei der bisherigen Betrachtung der Gotteslehre Karl Barths wohl verstehen gelernt, wie Handlung und Geschichte, Personalität und Dialog ihren Grund in Gottes ewigem Wesen und Sein haben. Noch aber bleibt zu

69 KD II,1, 365; Hervorhebung von mir.
70 KD II,1, 394; Hervorhebung von mir.
71 KD II,1, 304.
72 Vgl. KD II,1, 288ff.
73 KD II,1, 394.
74 KD II,1, 395.

fragen, ob auch das zweite Wesensmerkmal des Dramas, das uns im 3. Teil der Versöhnungslehre mit dem Motiv der dramatischen Kampfesgeschichte begegnet ist, seinen Anhalt an Gottes Wirklichkeit hat. Werden wir in der Beachtung der Erwählungslehre Barths noch deutlicher sehen, was es um »den spezifischen Charakter eines Dramas, das in einem *Kampf* besteht«[75], ist? Auch die Erwählungslehre kommt ja vom Geschehen der Versöhnung her. Auch hier gilt ja, daß der Theologe, »da schließlich niemand im Rate Gottes gesessen hat, nicht apriorisch, sondern nur retrospektiv«[76] reden kann. Was von der Erwählung des Menschen Jesus als notwendiges »Prolegomenon« zu sagen ist, ist in Wahrheit ein »Postlegomenon«:

»Man kann das nicht im leeren Raum, sondern nur im Blick auf das *Faktum* seiner Existenz als des wahren Gottes- und Menschensohns tun. Was ist die Prädestinationslehre gerade in diesem ihrem zentralen Gehalt Anderes als das *angesichts* dieses Faktums notwendige Bekenntnis dazu, daß es sich in ihm – fern von aller Zufälligkeit – nicht um eine Geschichte neben und unter vielen anderen, sondern um den Vollzug einer Absicht handelt, die allem Geschehen vorangeht, daß vor aller anderen Geschichte gerade in ihr der souveräne Wille wirksam und erkennbar ist, der über den Sinn, den Weg, das Ziel alles Geschehens entscheidet.«[77]

Es dürfte von Bedeutung sein, daß Barth in dieser Beschreibung nicht nur den Weg zur Erwählungslehre, sondern im Blick auf die beherrschende Figur zugleich ein weiteres Wesensmerkmal des Dramas angibt: In ihm geht es um den »Vollzug einer Absicht«, um einen »souveräne(n) Willen..., der über den Sinn, den Weg, das Ziel alles Geschehens entscheidet«. Soll »Drama« sein – und nicht nur eine Geschichte neben und unter vielen anderen –, dann geht es gerade in der Betrachtung von Karl Barths Erwählungslehre darum, seine Eigenart wahrzunehmen. Dabei dürfte deutlich sein: Als Inhalt des grundlegenden Planes kommt hier sowenig wie ein abstraktes Prinzip »Gnade« auch ein »Mysterienspiel vom unbekannten Gott und vom unbekannten Menschen«[78] nicht in Betracht. Vielmehr geht es auch hier um eine konkrete Person, die Person Jesu Christi als des erwählenden Gottes und des erwählten Menschen:

»Im Anfang bei Gott, d.h. in Gottes Ratschluß, der der Existenz, der der Möglichkeit und Wirklichkeit aller seiner Kreatur vorangeht, ist als Erstes der Beschluß, dessen Ausführung Jesus Christus heißt und ist.«[79]

Dieser Beschluß eröffnet Handlung, »bestimmte, gestaltete, gefüllte Handlung«.[80] Beinhaltet er doch, *»daß Gott für sich selbst die Gemeinschaft mit dem Menschen erwählte«* und *»daß Gott für den Menschen die*

75 KD IV,3, 214.
76 KD IV,2, 132.
77 Ebd.
78 KD II,2, 159.
79 KD II,2, 171.
80 KD II,2, 206.

Gemeinschaft mit sich selber erwählte«.[81] Der Bund Gottes mit dem Menschen und des Menschen mit Gott ist Inhalt und Ziel dieses Beschlusses. Zum *Drama des Bundes* öffnet sich dieser Beschluß aber dadurch, daß es »offenbar ein Anderes (ist), was wir erkennen und sagen, wenn wir bekennen, daß Gott für sich selbst die Gemeinschaft mit dem Menschen erwählte, ein Anderes, wenn wir bekennen, daß Gott für den Menschen die Gemeinschaft mit sich selber erwählte«[82].
Es ist ja dieser Bund von Gott und Mensch – Bund von Schöpfer und Geschöpf. Das Geschöpf wird erwählt zur Gemeinschaft mit dem Schöpfer, und der Schöpfer bestimmt sich zur Gemeinschaft mit dem Geschöpf. Es ist diese Spannung, die das Geschehen des Bundes zum Drama des Bundes öffnet. Barth hat dabei im Blick, daß Gott den Menschen will und erwählt zum Zeugen seiner ganzen Herrlichkeit:

»Dieser sein erwählter Mensch soll – und das will Gott mit ihm – als Zeuge seiner Herrlichkeit zugleich das offenbaren, bestätigen und wahrmachen, was Gott positiv *ist* und *will*, zugleich aber auch das, was Gott *nicht* ist und *nicht* will.«[83]

Er, der erwählte Mensch, darf und soll Zeuge von Gottes Ja und Gottes Nein sein. Zur Vollständigkeit des Bundes gehört es, daß der Mensch zum Zeugen der Herrlichkeit Gottes in dieser doppelten Absicht bestimmt ist. Als Zeuge von Gottes Ja und Gottes Nein wird der Mensch aber mit dem von Gott Verneinten, dem Bösen konfrontiert, dem er als Geschöpf nicht in der Überlegenheit Gottes gegenübersteht:

»Es kann darum für ihn die Überwindung des Bösen nicht jene Selbstverständlichkeit haben, die sie für Gott hat. Sie muß für ihn Ereignis, der Inhalt einer *Geschichte* werden, die Geschichte einer Not und ihrer Beseitigung, die Geschichte eines Todes und einer Auferstehung, die Geschichte eines Gerichtes und eines Freispruchs, die Geschichte einer Niederlage und eines Sieges.«[84]

In der Erwählung Jesu Christi ist diese Geschichte beschlossen als die Geschichte der Erhöhung des Menschensohns. Und es ist damit ineins die Geschichte der Erniedrigung des Gottessohnes auf dem Plan. Das Geschehen des Bundes wird zum Drama des Bundes dadurch, daß Gott, der dem Niedrigen unendlich überlegen ist, zum Zeugen seiner Herrlichkeit sein Geschöpf, den Menschen erwählt hat, der seinerseits eben als Geschöpf dem Nichtigen unterlegen ist und um dessentwillen nun das

81 KD II,2, 177; Hervorhebung von mir.
82 Ebd.
83 KD II,2, 152.
84 Ebd. Es heißt dann weiter (153): »Gott will also allerdings den homo labilis, nicht damit er falle, wohl aber damit er als gefallener Mensch der Zeuge seiner ganzen Herrlichkeit sei. Und eben das Wollen und die Wahl dieses homo labilis: nicht zum Fall, wohl aber zur Erhebung und Auferstehung aus dem Fall durch seine eigene Machttat, zum Erweis seiner ewigen Selbstunterscheidung in der Zeit, im Raume seiner Schöpfung... ist Gottes ewige Gnadenwahl...«

Nichtige auch für Gott, der auf der Seite des Menschen steht, zu einem ernsthaften Gegner wird:

»Bedeutet es für den Menschen sicher unendlichen Gewinn, unerhöhrte Erhöhung, daß Gott sich ihm zu eigen geben, sein Gott sein will, so muß es für Gott auf alle Fälle eine Kompromittierung bedeuten, wenn er sich selbst dazu entschließt, diesen Bund einzugehen. Wo der Mensch nur gewinnen kann, da kann Gott nur verlieren. Eben das ist der Inhalt, der doppelte Inhalt der ewigen göttlichen Vorherbestimmung, weil diese mit der Erwählung Jesu Christi identisch ist: *Gott will verlieren, damit der Mensch gewinne*. Sicheres Heil für den Menschen, sichere Gefahr für Gott selber!«[85]

85 KD II,2, 177.

3 »Theatrum Gloriae Dei«: Die Schöpfung als Erstellung eines Schauplatzes für das Drama

3.1 Die Voraussetzung des Schauplatzes

Damit es zu dem in Gottes ewigem Sein, damit es zu dem in Gottes Gnadenwahl beschlossenen Bundesdrama kommen kann, sind Voraussetzungen zu machen. Es bedarf zunächst eines Schauplatzes für das Drama. Barth sieht in der Schöpfung eine solche Voraus-Setzung:

»Die Schöpfung ist die Erstellung des Raumes für die Geschichte des Gnadenbundes. Diese Geschichte bedarf ja eines ihr entsprechenden Raumes: der Existenz des Menschen und seiner ganzen Welt.«[1]

Barth begreift die Schöpfung als äußeren Grund des Bundes und den Bund als inneren Grund der Schöpfung.[2] Der innere Grund (Bund) setzt sich den äußeren Grund (Schöpfung) voraus.[3] Es wird deutlich werden, daß Barth schon hier (d.h. schon vor der programmatischen Äußerung in KD IV,3) vom dramatischen Modell her denkt und daß seine Verhältnisbestimmung von Bund und Schöpfung im dramatischen Modell besonders verständlich und einleuchtend wird: Bevor das Stück zur Aufführung gelangen kann, bedarf es einer ihm entsprechenden Bühne und Ausstattung. Zur Geschichte des Gnadenbundes gehört es,

»daß diese nicht in einem ihr ursprünglich fremden, sondern in dem von Haus aus für sie und nur für sie bestimmten und zubereiteten Raum sich abspielt: in der Menschheit und

1 KD III,1, 46.
2 Vgl. § 41,2.3; KD III,1, 103ff.
3 *H.U. von Balthassar*, Karl Barth. Darstellung und Deutung seiner Theologie, Köln 1951, 129 hat darin das Kernproblem der Theologie Karl Barths sehen wollen: »Wir werden somit das Kernproblem der Theologie Karl Barths in ihrer letzten Gestalt im Begriff der Voraussetzung zusammengedrängt sehen, in dem Sinn, daß die eigentliche und ursprüngliche Setzung Gottes im Akt ihrer Setzung sich selber etwas voraus setzt« (Sperrungen getilgt). Man muß zudem fragen, ob Barth mit seiner Verhältnisbestimmung von Bund und Schöpfung seine eigene – gegenüber Schleiermacher erhobene – Forderung, die Versöhnung als ein »über die Schöpfung hinaus ... *unbegreiflich neues* Werk Gottes« (KD I,1, 431; Hervorhebung von mir) zu begreifen, korrigiert hat.

Welt, die Gottes Geschöpf und also sein Eigentum und als solches der Gegenstand, der Schauplatz und das Werkzeug seiner Taten ist.«[4]

Die Schöpfung ist so als der äußere Grund des Bundes

»seine technische Ermöglichung, die Bereitstellung und Ausstattung des Raumes, in welchem die Begründung und Geschichte des Bundes sich abspielen, des Subjektes, das in dieser Geschichte Gottes Partner sein, kurz, der Natur, der sich Gottes Gnade in dieser Geschichte annehmen und zuwenden sollte.«[5]

Seiner Funktion und Bedeutung im Drama entsprechend ist dieser Schauplatz besonders ausgezeichnet: Er ist *theatrum gloriae Dei.*

Exkurs: Die Schöpfung als »theatrum gloriae Dei« bei Johannes Calvin

Karl Barth ist der Rede vom »theatrum gloriae Dei« bei Johannes Calvin begegnet. Er nimmt diese Formel, die Calvin seiner Meinung nach »so gerne«[6] gebraucht hat, auf und nennt die Schöpfung, um »mit Calvin zu reden«[7], das theatrum gloriae Dei. Einschlägige Calvin-Belege bietet Barth aber gerade dort, wo er Calvins Formel programmatisch aufnimmt, nicht. Nur einmal begegnet m.W. in der KD ein – eher beiläufiges – Zitat aus Calvins Genesis-Kommentar, in dem von der Schöpfung als »theatrum« die Rede ist.[8]
Und auch dort, wo in der Barth-Forschung die Übernahme der Formel von Calvin konstatiert wird[9], läßt sich kein Bemühen um deren Verifikation feststellen. So wird es in unserem Zusammenhang angebracht sein, Calvins theatrum-Verständnis zu erhellen und das Vorkommen der Formel bei Calvin nach Möglichkeit zu belegen – ein Unternehmen, das zugleich noch einmal auf die Geschichte und Verbreitung des Theatergleichnisses und seinen theologischen Gebrauch zur Welt- und Existenzerhellung aufmerksam machen kann.
Die Rede vom theatrum (gloriae Dei) tritt bei Calvin vor allem dort auf, wo es um die Frage der Gotteserkenntnis aus den Schöpfungswerken geht. Die Welt gilt ihm als das »theatrum«, auf dem »spectacula« dargeboten werden: Schauspiele der ewigen Weisheit, Güte und Macht Gottes. Den Menschen kommt in diesem Theater zunächst die Rolle von Zuschauern zu:

4 KD III,1, 47.
5 KD III,1, 107.
6 KD III,3, 55.
7 KD IV,3, 155.
8 KD III,1, 255.
9 Vgl. *H. Berkhof*, Barths Lichterlehre im Rahmen der heutigen Theologie, Kirche und Welt, in: *H. Berkhof / H.-J. Kraus*, Karl Barths Lichterlehre (ThSt[B] 123), Zürich 1978, 30-48, bes. 33; *J. Moltmann*, Gott in der Schöpfung, München 1985, 74f.

»homines quasi in theatro hic esse positos, ut sint operum Dei spectatores«.[10]

Calvin entwickelt dieses theatrum-Verständnis in Relation zu Röm 1,19f. Hier ist für ihn deutlich bezeugt:

»conditum esse hominem, ut spectator sit fabricae mundi: ideo datos ei oculos, ut intuitu tam pulchrae imaginis ad auctorem ipsum feratur«.[11]

Und im Kommentar zu Röm 1,20, in dem selbst das theatrum-Motiv (noch) nicht erscheint[12], begegnet auch ein Hinweis auf die Schriftstelle, die durch das Signalwort »spectacula« für Calvin vielleicht zur Zentralstelle seines theatrum-Verständnisses geworden ist: Hebr 11,3[13]. Calvin hat ja die exegetischen Überlegungen zu Hebr 11,3 um eine originelle Lösung bereichert. Er übersetzt:

»Fide intelligimus (Gen 1,3; Joh 1,10) aptata esse saecula verbo Dei, ut non apparentium spectacula fierent.«[14]

Die Auslegung der zweiten Vershälfte beginnt mit einer kräftigen Polemik gegen alle Interpreten vor ihm: »In hoc membro hallucinati sunt, meo iudicio, omnes interpretes.«[15] Sie pflegen nämlich die Präposition (ἐκ) vom Partizip (φαινομένων) zu trennen und übersetzen dann: »ut fierent visibilia ex non apparentibus.« Aber das erträgt der griechische Text nach Calvins Meinung nicht. Steht in ihm doch keineswegs zwischen Präposition und Partizip die Negation (μή), wie jene Übersetzung unterstellt. Calvin schlägt dagegen vor, Präposition und Partizip als Kompositum aufzufassen (ἐκφαινόμενοι), was er dann mit »spectacula« übersetzt:

»si quis verbum e verbo transferre velit, non potest hoc membrum exponi, quam sic: Ut non apparentium fierent visa, hoc est, spectacula, ut praepositio (ἐκ) sit composita cum participio.«

Und so liest Calvin aus Hebr 11,3, daß es das Ziel der Schöpfung sei, die »invisibilia Dei« zur Schau zu stellen. Denn Hebr 11,3 zielt nach Calvins Meinung und Übersetzung in die gleiche Richtung wie Röm 1,19f:

»Adeoque idem hoc loco docet Apostolus noster quod Paulus ad Romanos cap. 1,20, quum tradit invisibilia Dei nobis patefieri ex mundi creatione, dum in operibus cernuntur.

10 Kommentar zu Act 17,26, in: Ioannis Calvini in Novum Testamentum commentarii, ed. A. Tholuck, Vol. IV, Berlin 1833, 353.
11 Kommentar zu Röm 1,19, in: Ioannis Calvini in Novum Testamentum commentarii, ed. A. Tholuck, Vol. V, Berlin 1834, 14.
12 Das Widmungsschreiben datiert auf den November 1539.
13 Vgl. den Kommentar zu Röm 1,20 a.a.O., 14f.
14 Ioannis Calvini in Novum Testamentum commentarii, ed. A. Tholuck, Vol. VII, Berlin 1834, 113.
15 Kommentar zu Hebr 11,3 a.a.O., 114f. Die folgenden Zitate stammen – soweit nicht anders vermerkt – ebenfalls aus dem Kommentar zu Hebr 11,3, a.a.O., 115.

Aeternae enim suae sapientiae, bonitati, potentiae Deus luculentum testimonium reddit in tota mundi architectura, et quum in se sit invisibilis, nobis quodammodo in suis operibus apparet.«

Die Einleitung von Hebr 11,3 (»fide intellegimus«) läßt Calvin auch die Einschränkung und Zuspitzung, die die Rede von der Erkenntnis Gottes aus den Schöpfungswerken in Röm 1,20 prägt (»ut sint inexcusabiles«), zur Sprache bringen:

»Quare eleganter mundus divinitatis speculum nominatur, non quod satis sit hominibus perspicaciae ad Deum ex mundi aspectu cognoscendum: sed ita se impiis patefecit, ut excusatione careat eorum ignorantia.«

Jene Einleitung des Verses zeigt ihm aber auch, daß den Glaubenden die Welt zum überraschend ausgeleuchteten Theater wird, auf dem die Herrlichkeit Gottes zur Darstellung kommt:

»Fideles autem, quibus oculos dedit in singulis creaturis, velut emicantes gloriae eius scintillas cernunt. Certe *in hunc finem conditus est mundus, ut esset divinae gloriae theatrum.«*

Hier, im Kommentar zu Hebr 11,3[16], erscheint also mit der Rede vom »divinae gloriae theatrum« nicht nur eine Formulierung, die nah an die von Barth angegebene Formel herankommt[17], sondern auch der grundlegende Gedankengang, der mit Calvins theatrum-Verständnis verbunden ist und nun verschiedentlich begegnet: Die Welt ist als theatrum dazu angelegt, Schauspiele der Herrlichkeit Gottes zu tragen. Diese »spectacula« sollen von jedem menschlichen Zuschauer wahrgenommen werden:

»Est quidem legitima haec totius vitae meditatio, in qua se quotidie exerceant, immensam Dei bonitatem, iustitiam, virtutem, sapientiam in hoc magnifico coeli terraeque theatro considerare...«[18]

Die Schauspiele, die es in diesem Theater oben und unten zu schauen gibt, soll der Mensch aber nicht in einer müßigen Zuschauerhaltung allein betrachten. Sie sollen ihn vielmehr zur rechten Verehrung und Anbetung ihres Autors führen:

16 Das Widmungsschreiben datiert auf Juni 1549.

17 Ein zweiter, ähnlich lautender Beleg findet sich in Calvins Schrift »De aeterna Dei praedestinatone« (1552). Die Schrift wird von Barth auch in anderem Zusammenhang zitiert (vgl. KD IV,3, 557, wo es statt CR 8,*292* aber CR 36 heißen müßte – es sei denn, es wird deutlich, daß nicht die durchgehende Zählung des CR, sondern die der Werke Calvins im CR mit der Angabe des 8. Bandes gemeint ist). Die Rede vom theatrum gloriae Dei findet sich hier CR 36,*294*: »Ergo hoc axioma retinendum: Sic Deo fuisse curae salutem nostram, ut sui non oblitus, gloriam suam primo loco haberet, adeoque *totum mundum hoc fine condidisse, ut gloriae suae theatrum foret.*« Wegen der Nähe der in KD IV,3, 257 zitierten Stelle zu diesem theatrum-Beleg scheint es mir wahrscheinlich zu sein, daß Barth vor allem den theatrum-Beleg (»gloriae suae theatrum«) aus »De aeterna Dei praedestinatione« vor Augen hatte.

18 Kommentar zu Gen 2,3 (1563), in: Ioannis Calvini in librum Geneseos commentarius, ed. E. Hengstenberg, Berlin 1838, 23.

»Hoc enim est libri (sc. Geneseos [Verf.]) argumentum, postquam conditus fuit mundus, hominem veluti in theatro fuisse collocatum, qui sursum et deorsum mirifica Dei opera conspiciens, auctorem reverenter adoraret.«[19]

So darf und soll der Mensch nicht allein Zeuge und Zuschauer der sich darstellenden Herrlichkeit Gottes sein. Er darf und soll das Dargebotene nun auch genießen und sich des göttlichen Schenkens freuen:

»Hominem ergo non posuit Deus in terra, ut sit tanquam in theatro otiosus operum suorum spectator, sed dum omnibus coeli et terrae opibus fruitur, ut in celebranda Dei largitate se exerceat.«[20]

Wie schon in Calvins Kommentar zu Hebr 11,3 anklang, ist solches Wahrnehmen und rechtes Genießen der Herrlichkeit Gottes, die in den Schauspielen auf dem Theater der Welt aufscheint, ohne Gottes dazutretendes Wort und ohne Glauben aber getrübt, vielfach gebrochen und von Blindheit bedroht. Calvin schärft immer wieder ein, daß durch solche Blindheit die an den Schöpfungswerken gewonnene Erkenntnis Gottes nur so weit reicht, daß alle unentschuldbar seien:

»Verum est enim, hunc mundum theatri instar esse, in quo nobis Dominus conspicuam gloriae suae figuram exhibet: nos tamen quum tale spectaculum nobis ante oculos pateat, caecutimus, non quia obscure sit revelatio, sed quia nos mente alienati sumus: nec voluntas tantum, sed facultas etiam ad eam rem nos deficit. Nam utcunque Deus palam appareat, non alio tamen quam fidei oculo ipsum possumus aspicere: nisi quod tenuem divinitatis gustum concipimus, qui nos inexcusabilis reddat.«[21]

Zum theatrum-Verständnis Calvins gehört also vor allem der Bezug auf die Schöpfung als Kosmos und als natürliche Lebenswelt des Menschen. Hier gibt es Beständigkeit und Verläßlichkeit, bleibende Orientierungsmöglichkeiten für den von Blindheit und widergöttlichen Gewalten bedrohten Menschen. Das signalisiert deutlich der m.W. einzige theatrum-Beleg in der Schöpfungslehre der Institutio (1559). Nachdem Calvin in Institutio I, 14,3–12 von den Engeln und in I, 14,13–19 von ihren Widerspielern, den Teufeln, gehandelt hat, kehrt er in I, 14,20 zur Betrachtung der Größe und Schönheit der Schöpfung zurück und bietet gerade die Beständigkeit und den Reichtum, die das theatrum der Schöpfung dem

19 In librum Geneseos commentarius, Argumentum, a.a.O., 5.
20 Kommentar zu Act 14,17, a.a.O., 280. Vgl. auch den ähnlichen Gedanken im »Argumentum« des Genesiskommentars (a.a.O., 3f).
21 Kommentar zu 1Kor 1,21 (1556), in: Ioannis Calvini in Novum Testamentum commentarii, ed. A. Tholuck, Vol. V, Berlin 1834, 263. Vgl. auch den Kommentar zu Ps 19,7, in: Ioannis Calvini in librum Psalmorum commentarius, ed. A. Tholuck, Pars I, Berlin 1836, 138: »Nam quod de ipso testantur coeli, non eo usque deducit homines, ut veram pietatem perdiscant, sed tantum huc valet, ut reddantur inexcusabiles. Verum quidem est, nisi essemus nimis hebetes, esse in mundo theatro satis multa documenta quae nos ad pietatem invitent, sed quia in luce clara caecutimus, sine verbi subsidio nihil nobis prodesset splendida ista gloriae Dei repraesentatio...« (1557).

betrachtenden Blick bietet, gegen die Bedrohung durch das verwirrende Spiel der teuflischen Gewalten auf. Der erste Satz von I, 14,20 lautet:

»Interea ne pigeat in hoc pulcherrimo theatro piam oblectationem capere ex manifestis et obviis Dei operibus.«[22]

Neben der Schöpfung als Kosmos und natürlicher Lebenswelt des Menschen kann Calvin aber auch die Geschichte der Welt als »theatrum« sehen – als ein Theater, auf dem Schauspiele der göttlichen Vorsehung und Regierung geboten werden. Calvin denkt da vor allem an die Kirche: Ihre Wirklichkeit und Geschichte stellt so etwas dar wie ein besonderes theatrum der göttlichen Vorsehung. Die Engel schauen auf dieses theatrum: »ecclesia illis theatrum est, in quo mirentur variam et multiplicem Dei sapientiam«.[23] Und auch dem menschlichen Blick bietet sich die Kirche als das vorzügliche Theater dar, auf dem Gottes Vorsehung spielt:

»Denique ecclesia propria est Dei officina, in qua suam providentiam exercet et praecipuum eiusdem providentiae theatrum.«[24]

Fragen wir anschließend nach den Quellen, aus denen sich Calvins theatrum-Verständnis speist, so bleiben wir auf Vermutungen beschränkt: Wie zu Beginn des Exkurses dargelegt, scheint Calvins Beschäftigung mit Hebr 11,3 eine zentrale Bedeutung für die Herausbildung dieses theatrum-Verständnisses zu haben (was sich schon daran anzeigen könnte, daß die Fülle der theatrum-Belege in Schriften begegnet, die nach 1549 erschienen sind). Zahlreiche Begegnungen mit dem Theater- bzw. Spielgleichnis, mit dem dramatischen Schaffen der Antike und lebendiger Schauspielkunst können zudem Calvins Vorliebe für das Theatergleichnis geprägt haben. Wie Gerd Babelotzky gezeigt hat, kannte Calvin sicher die wohl ältesten Belege für das Spielgleichnis aus Platos Nomoi, in denen der Mensch »Marionette«, ja »Gottes kunstvoll eingerichtetes Spielwerk« und die menschliche Wirklichkeit »Puppenspiel« der Götter genannt wird.[25] Calvins Beschäftigung mit dem dramatischen Schaffen der Antike belegen zahlreiche Anmerkungen zu Senecatragö-

22 Johannes Calvini opera selecta, ed. P. Barth / W. Niesel, Bd. 3, München 1928, 170.
23 Institutio (1559) III,20, 23, in: Ioannis Calvini Institutio Christianae Religionis, ed. A. Tholuck, Pars II, Berlin 1846, 104.
24 De aeterna Dei praedestinatione, CR 36, 349. In der Vorsehungslehre Calvins wird auch deutlich, daß Gott nicht nur der Autor des Weltspiels, sondern auch dessen höchst agiler Moderator ist – und keineswegs ein müßiger Zuschauer der Wege, Freuden und Leiden seiner Geschöpfe: »Providentiam vocamus, non qua Deus e coelo otiosus speculetur quae in mundo fiunt, sed qua mundum a se conditum gubernat: ut non unius tantum momenti sit opifex, sed perpetuus moderator. Sic providentia, quam Deo tribuimus, non minus ad manus quam ad oculos pertinet« (CR 35,347.)
25 Vgl. *G. Balelotzky*, Platonische Bilder und Gedankengänge in Calvins Lehre vom Menschen (VIEG 83), Wiesbaden 1977, 69 und 87f.

dien und der Pharsalia Lucans.[26] Und von der Begegnung mit konkreter Schauspielkunst in Genf und Calvins mäßigendem Verhalten gegenüber Anfeindungen der Schauspieler zeugen zwei Briefe des Reformators.[27] Freilich können dies alles nur Indizien sein, die eine eingehendere Untersuchung von Calvins theatrum-Verständnis zu beachten hätte.
Wir kehren nun zu Karl Barths Sicht und Beschreibung der Schöpfung als »theatrum gloriae Dei« zurück. Uns werden dabei immer wieder auffällige Beziehungen zwischen Barths und Calvins Rede vom »theatrum« begegnen, so etwa, wenn wir – im folgenden Punkt unserer Untersuchung – darauf achten werden, wie Barth von den »spectacula«, den Schauspielen der Tierwelt auf dem theatrum gloriae Dei, redet.

3.2 Die Ausstattung des Schauplatzes

Die Rede vom »theatrum gloriae Dei« begegnet in der KD vor allem in vier Zusammenhängen: im grundlegenden Teil der Schöpfungslehre (III,1; hier noch nicht »terminologisch«: Schauplatz), in der Vorsehungslehre im Rahmen der Schöpfungslehre (III,3; vgl. besonders 55ff), in der Lichterlehre im dritten Teil der Versöhungslehre (IV,3; vgl. besonders 154ff) und in der Vorsehungslehre im Rahmen der Versöhnungslehre (IV,3; vgl. besonders 796ff). Als theatrum gloriae Dei ist die Schöpfung ihrem Grund, dem Bund, zugeordnet: als Natur der Gnade, als Zustand der Geschichte, als Seinsstruktur dem Geschehen, als Kontinuität der Kontingenz, als Allgemeines dem Konkreten.[28]

> »Es gibt nun aber auch einen *Schauplatz und Rahmen* seines (sc. Jesu Christi [Verf.]) Seins, Handelns und Redens und also jener Geschichte, *jenes Dramas*: einen Schauplatz und Rahmen, der als solcher keine Geschichte ist, sondern, ohne darum unbeweglich, starr, leblos zu sein, in allen Stadien und Akten jener Geschichte wesentlich derselbe und also nicht in Form von Erzählung einer Geschichte, von je und je sich zutragenden Geschichten zu beschreiben ist. Hat auch er Leben, so ist doch sein Leben als solches nicht das versöhnende Leben Jesu Christi, sondern nur der Bereich, i*n welchem* sich dieses – zugleich der Gegenstand in Beziehung *zu dem*, zugleich das Medium *mittelst dessen* – abspielt.«[29]

Zu diesem Schauplatz gehören Stetigkeit, Kontinuität und Verläßlichkeit. Hier geschieht »nichts grundsätzlich Neues«.[30]

26 Vgl. *A. Ganoczy / St. Scheld*, Herrschaft – Tugend – Vorsehung. Hermeneutische Deutung und Veröffentlichung handschriftlicher Annotationen Calvins. Zu sieben Senecatragödien und der Pharsalia Lucans (VIEG 105), Wiesbaden 1982.
27 Vgl. Johannes Calvins Lebenswerk in seinen Briefen. Eine Auswahl von Briefen Calvins in deutscher Übersetzung von Rudolf Schwarz. Bd. I: Die Briefe bis zum Jahre 1553, Tübingen 1909, Nr. 168 (246) und Nr. 170 (247f).
28 Vgl. *E. Jüngel*, Die Möglichkeit theologischer Anthropologie auf dem Grunde der Analogie. Eine Untersuchung zum Analogieverständnis Karl Barths, in: *ders.*, Barth-Studien (Ökumenische Theologie 9), Gütersloh 1982, 210–232, hier 218.
29 KD IV,3, 154; Hervorhebung z.T. von mir.
30 KD IV,3, 156.

Vom »Vorspiel«[31] des Dramas bis zum »Endspiel«[32] behält er seinen Bestand. Weder des Menschen Sünde noch die Versöhnung ändern an diesem Bestand etwas[33]; und auch das »Endspiel« wird den Schauplatz nicht zerstören, wohl aber verwandeln.[34]
Als theatrum gloriae Dei hat die Geschöpfwelt aber nun auch ihre eigenen Lichter und Wahrheiten.[35] Auch diese werden weder durch des Menschen Sünde noch durch das eine wahre Licht, auf das sie bezogen sind, ausgelöscht und um ihre Kraft und Bedeutung gebracht.

»Sie machen die Welt nicht einfach hell, so wie Gott in seinem Wort oder so wie die Welt in seiner Sicht und Erkenntnis einfach und schlechterdings hell ist. Sie bewirken aber Lichtungen und Erleuchtungen.«[36]

Auch wenn alles auf das entscheidende Spiel ankommt und darauf ausgerichtet ist, dürfen diese Lichter nicht verachtet werden. »Es lohnt sich schon, auch für sie dankbar zu sein.«[37] Da gibt es auf dem Schauplatz: das reziproke Füreinander-Dasein als Grundform des Beständigen; einen dynamischen Rhythmus, der Wiederholungen in denselben Formen ermöglicht; eine relative Gegensätzlichkeit von Licht- und Schattenseite in der Geschöpfwelt, die sich heilsam auswirkt[38]; die Gesetze der Natur- und Geisteswelt; Aufforderung und Einladung zur ordnenden und gestaltenden Tat als Schritt in die Freiheit; die Tiefe der geschaffenen Welt, die als Geheimnis das Dasein offenhält.[39] Diese Lichter sind zunächst die dem Schauplatz eigenen Lichter. Sie schaffen Lichtungen und Erleuchtungen auf dem Schauplatz selbst. Es gibt aber nun keine Fremdheit zwischen dem theatrum und der gloria Dei. Der Schauplatz ist eindeutig auf

31 Als »Vorspiel« wird man in besonderer Weise die Geschichte Israels anzusehen haben, vgl. KD IV,3, 77 (vgl. auch KD I,2, 98, wo Barth ausführt, daß das Alte Testament die Verborgenheit Gottes bezeugt: nicht »irgendeine Verborgenheit, sondern das Vorspiel zu der Verborgenheit Gottes im Stall zu Bethlehem und am Kreuz von Golgatha«; hier spielt sich z.B. auch »das Drama des Gottesstreiters, des Israel« – Kd IV,3, 470 – ab; Barth hat »das Drama seiner Geschichte« – ebd. – in Auslegung des Hiobbuches bedacht). Barth kann aber auch – wie wir noch sehen werden – die Geschichte der adamitischen Menschheit als das »düstere Vorspiel oder Gegenspiel zu Gottes Bund und Gnadenwerk« (KD IV,1, 1521) bezeichnen.

32 Barth benutzt leider das so besetzte Wort »Endsieg« (KD IV,3, 302f und 379).

33 Vgl. KD IV,3, 156.

34 Vgl. KD IV,3, 277. Man wird auch an das von Barth geschätzte Blumhardt-Wort denken dürfen: »Der Heiland ist kein Kaputtmacher« (KD IV,2, 950).

35 Vgl. KD IV,3, 158.

36 KD IV,3, 159.

37 KD IV,3, 160.

38 Vgl. KD IV,3, 165: »Der Geringschätzung des Daseins, seiner Auflösung in lauter Sorge widersteht konkret seine ganze Herrlichkeit. Seiner Überschätzung, seiner Verfestigung in letzten Sicherheiten widersteht aber ebenso die ganze Bedrohung all seiner Herrlichkeit.« Vgl. zu Barths Rede von der Licht- und Schattenseite des Daseins auch KD III,1, 424ff; kritisch dazu: *W. Krötke* (Gottes Fürsorge für die Welt. Überlegungen zur Bedeutung der Vorsehungslehre, in: *ders.*, Die Universalität des offenbaren Gottes. Gesammelte Aufsätze [BEvTh 94], München 1985, 82–94), der statt des problematischen Begriffs der »Schattenseite« von den »lebensabträglichen Dimensionen« (a.a.O., 91) spricht.

39 Vgl. KD IV,3, 162–171.

das Stück bezogen. Von ihm werden jene Lichter *integriert und relativiert.*[40] Daran wird dann auch ein Grundzug des ganzen Spiels deutlich: Es ist weder *monistisch noch dualistisch* angelegt.[41] Das Spiel ist vielmehr dynamisch-teleologisch ausgerichtet.[42] Der Schauplatz mit seinen Lichtern ist auf die Hauptfigur – das *eine* Licht – und ihre zentrale Rolle bezogen. Indem das Licht Jesu Christi im Kosmos aufgeht, »zündet es die diesem verliehenen Lichter an, aktualisiert es ihre Leuchtkraft, so daß sie ihm dienen dürfen und müssen«.[43] Dann »wird ihm auch das Selbstzeugnis der Kreatur in der ganzen Verschiedenheit seiner Stimmen einmütigen Beifall geben«.[44]

Diese enge und lebendige Bezogenheit von theatrum und Bundesdrama aufeinander hat Barth aber nicht nur in der Lichterlehre betont. Schon in der Schöpfungslehre von KD III,1 spricht Barth davon, daß dem Menschen im Bereich der Geschöpfwelt *»Schauspiele«* geboten werden, die auf den Bund als inneren Grund der Schöpfung verweisen.

In § 41, wo über die Schöpfung als äußeren Grund des Bundes zu handeln ist, begegnen Gedanken zum Zeugnis der Tierwelt, die in unserem Zusammenhang und im Hinblick auf einige kritische Äußerungen zu Barths theatrum-Verständnis Beachtung verdienen. Ist doch Barths theatrum-Verständnis dahingehend kritisiert worden, daß die Schöpfung bei ihm »nur« ein kulissenhafter Bereich sei. Diese vor allem von H. Berkhof vorgetragene Kritik, bei Barth sei die Schöpfung *nur* »Kulisse des Bundes«[45], stellt die von uns zunächst im Blick auf die Lichterlehre konstatierte lebendige Bezogenheit von theatrum und Bundesdrama aber in Frage. Auch Jürgen Moltmann hat in seiner Schöpfungslehre gemeint, eine solche enge Bezogenheit bei Barth nicht feststellen zu können:

> »Barth nimmt Calvins Metapher von der Welt als theatrum gloriae Dei auf: Die Bühne der Schöpfung und das göttliche Heilsdrama werden scharf unterschieden... Denn die Geschöpfwelt ist ›nur‹ das theatrum, ›nur‹ der Raum, in welchem Gottes eigene Herrlichkeit im Werk der Versöhnung erstrahlt.«[46]

40 Vgl. KD IV,3, 174–182.
41 Vgl. KD IV,3, 174.
42 KD IV,3, 192.
43 KD IV,3, 174.
44 KD IV,3, 182; Sperrungen getilgt.
45 *H. Berkhof*, Karl Barths Lichterlehre, a.a.O., 33. Gegenüber einer solchen Kritik könnte zunächst auch zur Geltung gebracht werden, daß die »Kulisse« im dramatischen Modell und in der Theaterwirklichkeit keineswegs eine austauschbare oder stumme Größe ist. Die angemessen gestaltete Kulisse ist ein unentbehrlicher Bestandteil für die Aufführung. Sie trägt wesentlich dazu bei, das Spielgeschehen zu erschließen; ja, eine Kulisse kann sogar Praefigurationen des Spiels bieten – ein Gedanke, der, wie wir sogleich sehen werden, auch bei Barths Blick auf die Schöpfung von Bedeutung ist.
46 *J. Moltmann*, a.a.O., 74. Mit dem letzten Satz nimmt Moltmann zwar fast wörtlich eine Formulierung Barths aus KD IV,3, 158 auf, bringt aber nicht die Fortsetzung jener Passage zur Geltung, in der Barth von der der Schöpfung eigenen Herrlichkeit, ja sogar von den der Schöpfung eigenen Offenbarungen spricht.

Demgegenüber wird man aber zur Kenntnis zu nehmen haben, daß Barth von der Schöpfung eben nicht nur als von der »technischen Ermöglichung«[47] des Bundesdramas spricht, sondern im Bereich der Schöpfung Lichter und Erleuchtungen, ja *Vorspiele* und *Praefigurationen* des Dramas wahrnimmt. Die Schöpfung vermag bei ihm durchaus als ein »aufregender Ort«[48] in den Blick zu kommen. Wer Barths theatrum-Verständnis dahingehend kritisiert, die Schöpfung sei bei ihm »nur Kulisse«, der sollte genau hinsehen. Denn: »Das Vorspiel und die Praefiguration des Gnadenbundes beginnt eben tatsächlich schon dort, wo man sie am wenigsten erwarten sollte«[49] – im Bereich der Tierwelt, bei dem Zeugnis der Fische und Vögel und Landtiere.
Schon am fünften Schöpfungstag – gerade erst ist »durch die Begründung des Firmaments zwischen den Wassern droben und drunten die grundsätzliche Sicherung des unteren Kosmos vollzogen«[50] – kommt es auf der so aufgeschlagenen Bühne zum »ersten kreatürlichen Eigenleben«.[51] Mit der Schöpfung der Wassertiere und Vögel »kommt in wunderlichen, fast bizarren, aber doch bestimmten Umrissen zum ersten Mal das Wesen in Sicht, das der Partner Gottes in diesem Raum sein wird: die *animalische Kreatur*«.[52] Und schon jetzt – die »freie Entscheidung und Aktion, die den Menschen zum Menschen machen ... wird, ist noch von ferne nicht Ereignis«[53] – werden auf dem theatrum Schauspiele geboten, Schauspiele, die etwas vom großen Stück, um dessentwillen das theatrum da ist, ahnen lassen. Im Meer und im Luftraum, jenen Gebieten des unteren Kosmos, die für den Menschen ferne und fremde, ja gefährliche Grenzgebiete sind, beginnt das Leben der selbständigen Kreatur:

»Wo der Mensch schon den Rachen des Todes geöffnet zu sehen meint, eben da läßt Gott es ›wimmeln‹ und fliegen, eben da regt und bewegt sich jene Völkerwelt von Lebewesen wie er selber, von Genossen seiner eigenen, der animalischen Natur. Es ist *ein zutrauenerweckendes Schauspiel*, das ihm da geboten wird... Die Lebensangst vor der Ungeheuerlichkeit des geschöpflichen Raumes muß offenbar weichen, der Lebensmut zum Wagnis der Existenz in diesem Raum muß offenbar erwachen, wo dieses *Schauspiel* offene Augen findet, wo das Zeugnis *der Fische und Vögel* vernommen wird.«[54]

Zu diesem »zutrauenerweckenden Schauspiel«, das nach Barths Auslegung von Gen 1,20–23 die bloße Existenz der Wassertiere und Vögel darstellt, tritt in Barths Augen mit der in Gen 1,23 berichteten Segnung dieser Tiere auch ein *»Vorspiel«* des Gnadenbundes:

47 Vgl. KD III,1, 107.
48 Vgl D. Manecke, Mission als Zeugendienst. Karl Barths theologische Begründung der Mission im Gegenüber zu den Entwürfen von Walter Holsten, Walter Freytag und Joh. Christiaan Hoekendijk, Wuppertal 1972, 227.
49 KD III,1, 190f.
50 KD III,1, 188.
51 KD III,1, 189.
52 KD III,1, 188; Hervorhebungen z.T. von mir.
53 Ebd.
54 KD III,1, 189; Hervorhebung von mir.

»Daß Gott die Wassertiere und die Vögel *segnet*, das ist – genaugenommen bereits in Überschreitung des Begriffs der Schöpfung – zum ersten Mal ein Handeln Gottes *mit* seinem Geschöpf, ein Anfang von dessen Geschichte oder mindestens *ein das Thema seiner Geschichte ankündigend vorwegnehmendes Vorspiel* dazu: die Aufrichtung eines *Bundes* zwischen Gott und seiner ... Kreatur.«[55]

Ebenso wie die Tiere, die am fünften Schöpfungstag geschaffen werden, bieten für Barth auch die Landtiere des sechsten Schöpfungstages ein »Schauspiel«: »das *Schauspiel* einer zwar nicht freien, aber faktisch stattfindenden und in ihrer Weise vollkommenen Unterwerfung«[56] unter Gottes Schöpferwort und -willen. Die Rolle der Landtiere, die zur Schöpfung als dem theatrum gloriae Dei gehören, kann Barth so fast mit den gleichen Worten wie die Rolle der Engel im Drama – wir werden diese im nächsten Kapitel unserer Arbeit sichten – beschreiben:

»Das Tier geht dem Menschen voran in selbstverständlichem Lobpreis seines Schöpfers, in der natürlichen Erfüllung seiner ihm mit seiner Schöpfung gegebenen Bestimmung, in der tatsächlichen demütigenden Anerkennung und Betätigung seiner Geschöpflichkeit.«[57]

Die Landtiere geben so gehorsam gegenüber ihrer Bestimmung und in Betätigung ihrer Zeugungskraft ein »stummes, aber beredtes Vorbild dessen, was als Geheimnis der Vaterschaft und Sohnschaft das Thema der menschlichen Geschichte bilden wird«.[58] Sie »führen« das Wesen der Geschöpflichkeit »vor« und werden dem Menschen endlich »als das geschlachtete, getötete und geopferte Tier das letzte Geheimnis seiner eigenen Geschichte ... – die notwendige, aber heilvolle Dahingabe des ... Menschensohnes ... – vor Augen führen«.[59]
Barths Betrachtung der Schöpfung der Wassertiere, Vögel und Landtiere vermag so deutlich zu machen, daß die Schöpfung für ihn keineswegs »nur Kulisse« ist. Schon vor der Lichterlehre scheint hier auf, wie eng und lebendig der Schauplatz auf das Auftreten der Hauptfigur und ihre zentrale Rolle – aber auch auf den Menschen, der zum Partner Gottes im Bundesdrama bestimmt ist – bezogen ist. Jenem zum Partner Gottes bestimmten Menschen hat nun unsere Aufmerksamkeit zu gelten.

3.3 Die Bestimmung des Menschen zum Partner Gottes

So wie von der Erstellung des Schauplatzes, so muß auch von der Bestimmung des Menschen zum Partner Gottes im Sinne einer Voraus-Setzung gesprochen werden. Die Bundespartner Gottes sollen als Personen

55 KD III,1, 190; Hervorhebung von mir. Vgl. auch KD III,1, 195, wo Barth diese Segnung »das Vorspiel der auf die ganze Schöpfung sich begründenden Geschichte« nennt.
56 KD III,1, 198; Hervorhebung von mir.
57 KD III,1, 198.
58 KD III,1, 199.
59 Ebd.

ganz der ihnen zukommenden Rolle entsprechen, ihre Natur ist nichts anderes als Zurüstung für die Gnade:

»Die Schöpfung ist eine einzige Bereitstellung und also das Wesen und die Existenz des Geschöpfs eine einzige Bereitschaft für das, was Gott in der Geschichte des Bundes mit ihm wollen und tun wird. Seine Natur ist nichts anderes als seine Zurüstung für die Gnade.«[60]

Es ist das Geschöpf, »das in dieser Geschichte Gottes Partner werden sollte«.[61] Im dramatischen Modell heißt das, daß dem Menschen zunächst nicht die Rolle eines Zuschauers zugedacht ist.

»Die Geschichte Jesu Christi als das Ziel und der Sinn der Schöpfung ist ja kein fernab sich abspielendes Drama, dem er als beteiligter oder unbeteiligter Zuschauer beizuwohnen die Möglichkeit hätte.«[62]

Vielmehr gehört es zur Signatur des Sünders,

»sich in heiterer oder grimmiger Resignation in die Rolle des gemächlichen *Zuschauers* des lieben Gottes, des Welttheaters, der Freuden und Leiden seiner Mitmenschen und nicht zuletzt seines eigenen Lebenslaufes zu begeben«.[63]
»Es steht also auch außer Frage, daß das Geschöpf, indem die Geschichte des Gnadenbundes geschieht, als Subjekt einer *eigenen* Geschichte dabei, und zwar nicht umsonst, nicht als passiver Zuschauer, nicht als bloßes Objekt, sondern *sinnvoll beteiligt dabei* ist.«[64]

»Zuschauer« kann und soll der zum Bundespartner bestimmte Mensch so nicht sein. Vielmehr »wird dem Menschen *Spielraum* gegeben«[65]: Er ist zum *freien* Partner Gottes bestimmt. Die menschliche Freiheit »gehört offenbar mit zu dem Bestande seiner besonderen Geschöpflichkeit«.[66] Freilich ist damit kein »Spielraum am Rande des Abgrunds«[67] gemeint, keine »Wahlfreiheit zwischen Gehorsam und Ungehorsam«.[68] Die dem Bundespartner eingeräumte und zugemutete Freiheit ist vielmehr Freiheit zum Gehorsam, die Freiheit, seiner Bestimmung und Rolle zu entsprechen:

60 KD III,1, 261.
61 KD III,1, 262.
62 KD III,1, 444.
63 KD IV,3, 280, vgl. auch 208. Schon angesichts der Vollkommenheit des Daseins, wie sie sich in der »Schöpfung als Rechtfertigung« zeigt, kann es keine gleichsam neutrale Haltung gegenüber der Licht- und Schattenseite des Daseins geben – müßte man sich doch sonst fragen, »ob dann nicht doch der Zweifler in der Mitte, der Moderierte, der nicht mehr lachen und nicht mehr weinen mag, und also der eigentliche, wahre und perfide Gottlose als der wahrhaft Gerechtfertigte *von der Szene gehen würde* (KD III,1, 433; Hervorhebung von mir).
64 KD III,3, 53f, vgl. auch 414.
65 KD III,1, 300; Hervorhebung von mir.
66 KD III,1, 301f.
67 KD III,1, 300.
68 Ebd.

»Weniger ernst als so wird er nicht genommen. Das bedeutet Gottes Entscheidung für ihn, wie er sie in und mit seiner Erschaffung vollzogen hat, nicht: daß es ihm abgenommen wäre, sie in seiner eigenen Entscheidung zu wiederholen und zu bestätigen. Eben diese Wiederholung und Bestätigung ist es vielmehr, die von ihm erwartet ist und eben die Befähigung dazu, die menschliche Freiheit, gehört offenbar mit zu dem Bestande seiner besonderen Geschöpflichkeit.«[69]

Wie von – der Hauptfigur des Dramas – Jesus Christus her der Gott entsprechende Mensch näher zu beschreiben ist, ist Thema der Anthropologie in der Schöpfungslehre.[70] Wir werden ihr hier nur in einem Ausschnitt nachgehen, wenn wir jetzt das Lebensdrama des einzelnen Menschen thematisieren. Die Rolle des Menschen im Drama, die wir eben nur vorauslaufend und umrißhaft sichten konnten, muß denn auch im weiteren Gang der Untersuchung noch deutlicher hervortreten.

3.4 Das Lebensdrama des einzelnen Menschen in seiner Endlichkeit als Hinweis auf Gottes Weltregierung

Immer wieder hat sich Barth in der KD mit dem Phänomen der Endlichkeit des menschlichen Lebens auseinandergesetzt. Die durch Geburt und Tod begrenzte Existenz des Menschen hat er dabei als eine *dramatische* Existenz verstanden:

»Er (sc. der Mensch, Verf.) ist nicht anders als in der Kraft des abnehmenden Auftriebs von seiner Geburt her und in der des zunehmenden Gefälles seinem Tode entgegen. Seine Lebensgeschichte ist das *Drama* der Begegnung, des Widerstreits und des Zusammenwirkens dieser beiden Kräfte.«[71]

Besonders ausführlich hat Barth dieses Lebensdrama des einzelnen Menschen im Zusammenhang der Vorsehungslehre KD III,3 beschrieben. In § 49,3 sichtet er bei der Besprechung von Gottes vorläufig noch verborgener Weltregierung »konstante(n) Spuren von Gottes Weltregierung«[72] mitten im allgemeinen Weltgeschehen. Als solche ortet er die Geschichte der Heiligen Schrift[73], die Geschichte der Kirche[74], die Geschichte der Juden[75] und die Begrenzung des menschlichen Lebens.[76]
Diese vestigia gubernationis sind zwar keine »zweite, in diesem Weltgeschehen selbst stattfindende Offenbarung und Bibel der göttlichen Weltregierung«.[77] An ihnen kann das Wie der göttlichen Weltregierung

69 KD III,1, 301f.
70 Vgl. *E. Jüngel*, Die Möglichkeit theologischer Anthropologie auf dem Grunde der Analogie, a.a.O., 210–232.
71 KD III,4, 653; Hervorhebung von mir.
72 KD III,3, 271.
73 Vgl. KD III,3, 227–231.
74 Vgl. KD III,3, 231–238.
75 Vgl. KD III,3, 238–256.
76 Vgl. KD III,3, 256–268.
77 KD III,3, 225.

keineswegs direkt abgelesen werden. Ja, sie können durchaus auch übersehen werden. Aber sie bilden im allgemeinen Weltgeschehen so etwas wie *»konstante Rätsel«*[78], die eine besondere Nähe und Affinität zum Zentralgeschehen der Bundes- und Heilsgeschichte haben und nur durch ihren Bezug auf dieses erklärlich sind:

»Sie beweisen zwar nicht, aber sie *bezeugen*, sie *bestätigen*, sie *demonstrieren* außerhalb jenes Zentrums, mitten im allgemeinen Weltgeschehen, *woher* und *von wem* auch dieses regiert wird«.[79]

Sie können im Horizont einer Weltanschauung übersehen werden – oder Rätsel bleiben. Aber für den, der Gottes Wort schon gehört hat, der den hier handelnden Gott schon kennt, wird es in diesen Zeichen und Zeugnissen ein Wiedererkennen und eine Enträtselung geben.[80] Daß dabei die Geschichten der Heiligen Schrift, der Kirche und der Juden mitten im allgemeinen Weltgeschehen so etwas wie vestigia gubernationis darstellen können und einen besonderen Bezug zur Bundes- und Heilsgeschichte haben, mag naheliegen. (Wir sind ja bereits in unserem Exkurs zu Calvins theatrum-Verständnis darauf aufmerksam geworden, wie Calvin die Geschichte der Kirche als ein besonderes »theatrum« der göttlichen Vorsehung begriffen hat.) Daß Barth aber auch die Begrenzung des menschlichen Lebens, das Lebensdrama des einzelnen Menschen in seiner Endlichkeit zu diesen konstanten Spuren der Weltregierung Gottes zählt, läßt aufhorchen und verdient in unserem Zusammenhang besondere Beachtung, setzt Barth doch hier die so mannigfach begegnende menschliche Selbstdeutung im dramatischen Modell mit seiner Sicht des dramatischen Geschehens zwischen Gott und Welt in Beziehung.
Den Anstoß dazu, die Begrenzung des menschlichen Lebens als Hinweis auf Gottes Weltregierung zu verstehen, entnahm Barth der altprotestantischen Lehre vom terminus vitae.[81] Und er sah gerade in der Beachtung dieser Spur der göttlichen Weltregierung einen »unverkennbare(n) Vorzug«[82], den »eigentümlichen *Vorzug* der *unmittelbaren* Anschaulichkeit«.[83] Denn durch die Grundpassivitäten des menschlichen Daseins[84] – Geborenwerden und Sterbenmüssen – wird sich der Mensch selber zum Hinweis auf Gott und Gottes Herrschaft:

»Indem wir von unserer Geburt her unserem Tod entgegengehen, sind wir uns selbst Zeichen und Zeugen von diesem Herrn über Leben und Tod, von der Herrschaft dieses Gottes.«[85]

78 Ebd.; Hervorhebung von mir.
79 KD III,3, 226.
80 Vgl. KD III,3, 267.
81 Vgl. KD III,3, 258f.
82 KD III,3, 258.
83 KD III,3, 257.
84 Vgl. zur theologischen Rede von den Grundpassivitäten des menschlichen Daseins *E. Jüngel*, Tod (ThTh 8), Stuttgart/Berlin 1971, 116.
85 KD III,3, 266.

Die doppelte Begrenzung des menschlichen Lebens nämlich gibt diesem eine *Grunddisposition*, der gegenüber alle Lebensbewegungen nur Variationen dieser Grundbestimmung sein können: »Kommen und Gehen, Hinauf und Hinunter, Zunehmen und Abnehmen, Begründen und Vollenden«.[86] Was aber, so muß man fragen, bedeutet es, daß alles Leben – und nun gerade auch das Leben des Menschen – durch diese doppelte Begrenzung seine Grunddisposition erhält?

»Offenbar dies, daß sich in ihnen im Dasein jedes einzelnen Menschen die zwei großen Taten Gottes am Anfang und am Ende aller Dinge widerspiegeln: die Schöpfung und die Vollendung. Offenbar dies, daß der einzelne Mensch nun eben gerade in ihnen teilnimmt am Geheimnis des Ursprungs und Ziels aller Kreatur, nämlich an ihrer Begrenzung durch Gott, an ihrem Herkommen von ihm und an ihrem Hingehen zu ihm.«[87]

So leuchtet in der doppelten Begrenzung des Lebens eine Spur Gottes als Grund und Ziel allen Seins auf. Und noch mehr: Kraft der Grundpassivitäten des menschlichen Daseins erhält dies eine *dramatische Spannung von Verfügen* und *Verfügtwerden.* Die Spontaneität, zu der das Leben freigegeben wird, steht von Anfang an und vom Ende her unter einer Herrschaft, der es sich nicht entziehen kann:

»Ich selbst lebe; aber von meiner Geburt und von meinem Tod her ist es klar, daß ich mir gerade das nicht selbst nehmen und geben noch erhalten kann, daß mir gerade das schlechterdings bestimmt und gegeben ist, selbst zu leben. Ich selbst lebe, aber indem ich das tue, gehöre ich nicht mir selbst, bin ich mich selbst der Instanz schuldig, die es mir verordnet, innerhalb der nicht von mir, sondern von ihr gesetzten Grenzen selbst zu leben.«[88]

Wird das Leben des einzelnen Menschen nicht gerade so zum Zeichen und Zeugnis von Gottes *Welt*herrschaft? Ist nicht gerade die dramatische Spannung von Verfügen und Verfügtwerden im Leben des einzelnen Menschen eine Spur, die auf das dramatische Geschehen zwischen Gott und Welt weist? Jedenfalls verweist die Grunddisposition den Menschen immer wieder darauf, daß sein Leben von einem Herrschaftsakt – einem göttlichen Dekret – umgriffen ist, dem er seine Spontaneität verdankt, in den er seine Spontaneität einzubringen hat, von dem her diese begrenzt, aber auch geborgen und gehalten ist. Weiter erhält das Leben des Menschen durch seine doppelte Begrenzung den Charakter der *Einmaligkeit*:

»Er ist ... ganz er selbst, ganz original, ganz alleine in dem, was auch in seiner eigenen Existenz nur je *einmal* vorkommt: in seiner Geburt und in seinem Tode.«[89]

Wird der Mensch dadurch unvertauschbar, unverwechselbar, unentbehrlich und unersetzlich, so zeigt sich darin wieder eine Spur Gottes:

86 KD III,3, 260.
87 Ebd.
88 KD III,3, 261.
89 KD III,3, 262.

»Die ewige Einzigkeit Gottes spiegelt sich in der kleinen geschöpflichen Einmaligkeit seines einmal anfangenden und einmal endenden Lebens – und wer weiß, ob diese so klein ist?«[90]

So ist es die mit Geburt und Tod gesetzte Endlichkeit des Menschen, die sein Leben zu wirklicher Geschichte freigibt, die es zum *Lebensdrama* werden läßt. Durch Geburt und Tod bekommt das Leben ein Gefälle:

»Und indem ich selbst von meinem Anfang her zu meinem Ende hin in dieser Bewegung bin, wird mein Leben zu meiner Geschichte, man kann wohl sagen: *zu meinem Drama, in welchem ich allerdings weder Autor noch Regisseur*, wohl aber die handelnde Hauptperson bin.«[91]

Zu diesem »Lebensdrama«[92] hat sich der Mensch ja nicht selber in Bewegung gesetzt, und er kann sich in ihm auch nicht selbst erhalten. Aber zwischen Geburt und Tod ist der Mensch dazu aufgerufen, er selbst zu sein, sich mit den ihm in diesem Gefälle begegnenden Möglichkeiten auseinanderzusetzen.[93] Er kann und er muß sich jetzt je und je entscheiden zwischen den Möglichkeiten, die seinem Anfang, oder denen, die seinem Ende entsprechen. Wo das Leben aber so durch Entscheidungen geprägt ist, da erhält es selbst den Charakter einer *Entscheidung*:

»Aber dieses Drama hat als wirkliches Drama seine Zeit. Eine unendliche Geschichte wäre keine Geschichte... Eben meine Geburt und mein Tod charakterisieren sie als wirkliche Geschichte, in der etwas in sich Zusammenhängendes geschieht, die auch als Ganzes den Charakter einer bestimmten Entscheidung bekommt und annimmt.«[94]

Kraft der menschlichen Grunddisposition steht das Lebensdrama des Menschen so im Gerichtshorizont:

90 KD III,3, 262f.
91 KD III,3, 263; Hervorhebung von mir.
92 KD III,3, 264.
93 Wie die dem Menschen in seinem Lebensdrama begegnenden Möglichkeiten zu nutzen sind, darüber wird in der Ethik der Schöpfungslehre (KD III,4) gehandelt. Auch in ihr zeigt sich Barths dramatische Denkform: »Man vernarre sich nicht in Rollen, die man andere spielen sieht, auch wenn man sie für schöner und interessanter halten mag als die eigene. Man spiele diese und nur diese! Ein echter Chorist ist besser als ein falscher Heldentenor, ein ehrlicher Schüler besser als ein vermeintlicher Meister auf eigene Faust – ganz abgesehen davon, *daß es vor Gott keine guten und weniger guten Rollen gibt, sondern nur die richtigen*, die eben die sind, *die er einem jeden zugeteilt hat*« (KD III,4, 443; Hervorhebung von mir). Im Blick auf die einmalige Gelegenheit und Lebenszeit des Menschen ist zu sagen: »Das Gebot Gottes ruft ihn auf, eben der und ganz der zu sein, der er dort und nur dort sein kann. Es holt ihn also aus allen Zuschauerträumen heraus, stellt ihn auch nicht *hinter*, sondern, und das zu sofortigem Einsatz, *auf* die Bühne mit der Aufforderung, sein Verslein alsbald so gut oder so schlecht zu sagen, als es ihm eben jetzt gegeben ist.« (KD III,4, 665; vgl. auch KD III,2, 642: »Jetzt darf ich weder ein erinnertes noch ein irgendwie erwartetes Bild, weder ein Gespenst noch ein Ideal meiner selbst als meinen Stellvertreter auf den Plan schicken und unter meiner Maske agieren lassen.«) Zur dramatischen Denkform in KD III,4 vgl. noch: 198ff (das »Spiel« der Geschlechter und die »Theaterherrlichkeit des Mannes«) 637.712 u.ö.
94 KD III,3, 264.

»Es geht jetzt um die übergreifende Entscheidung: *Wie spiele ich meine Rolle*, das heißt auf welcher Linie, in welcher Konsequenz oder Inkonsequenz, nach welchem Gesetz oder in welcher Gesetzlosigkeit wähle ich von Fall zu Fall zwischen Auftrieb und Gefälle, Empfangen und Entbehren, Tätigkeit und Ruhe, Wachen und Schlafen? Welche Gestalt wird mein Leben als Ganzes in diesem fortgehenden Wählen annehmen?«[95]

Das Leben des Menschen, das durch seine doppelte Begrenzung zum Lebensdrama im Gerichtshorizont wird, vermag nun auch ein Zeichen und Zeugnis der göttlichen *Welt*herrschaft zu geben, kraft derer das Weltgeschehen im Horizont des Gerichtes Gottes erscheint. Sind doch die mannigfachen Entscheidungen und der Entscheidungscharakter der menschlichen Existenz »der Spiegel, die Ankündigung des *göttlichen* Richterspruches, unter dem ich stehe«.[96]

Schließlich wird der Mensch durch die doppelte Begrenzung seines Lebens auch zum Zeugen des Weltgeschehens überhaupt. Als begrenzten, endlichen und zur Entscheidung gerufenen Menschen geht »das *ganze* Weltgeschehen auch *ihn* an«.[97] Er ist hineingestellt in die Solidargemeinschaft aller endlichen Kreatur, so daß mit ihm selbst gleichsam die ganze Kreatur auf dem Spiel steht. Seine Endlichkeit erscheint darum als strenge Verordnung und Wohltat ineins und bedeutet

»fern davon, ihn nach außen abzuschließen und zu isolieren, vielmehr gerade seine Öffnung zum Ganzen hin, die Solidarisierung seines Daseins mit dem des Himmels und der Erde, seine Versetzung in die Teilnahme am Gesetz und an der Verheißung, an der Gefährdung und an der Bewahrung aller Kreaturen, seine Beteiligung an ihrem Leben und seine Haftbarmachung für dessen Art und Erhaltung«.[98]

So ist also der einzelne Mensch in seinem Lebensdrama Teil und Zeuge des allgemeinen Weltgeschehens und als solcher mit Gottes Weltregierung konfrontiert.

Barths Sicht des Lebensdramas des einzelnen Menschen in § 49,3 der KD hat uns nun darauf aufmerksam werden lassen, wie er (fast möchte man sagen: in der Weise einer »Korrelationsmethode«) die dramatische Rätselexistenz des Menschen mit dem Zentralgeschehen der Bundes-

95 Ebd.; Hervorhebung von mir. Eine Befreiung aus diesem »Zwang zur Rolle« wird der Mensch unter der Weltherrschaft Gottes des Vaters nach Barth insbesondere im Akt des *Gebets* erfahren. Ist doch das Gebet neben Glaube und Gehorsam die Form des christlichen Verhaltens gegenüber der Vorsehung und Weltherrschaft Gottes (vgl. KD III,3, 279ff). Und darf doch der Mensch im Gebet *aus der Rolle fallen*: Er erfährt Gottes Weltherrschaft dann nicht mehr in Form seiner dramatischen Rätselexistenz, sondern steht dann in aller Bedürftigkeit und Endlichkeit direkt vor Gott. »Im Gebet dürfen und sollen nämlich – und dazu ist es uns befohlen – alle Masken, alle Tarnungen fallen. Es gibt auch notwendige, auch berechtigte Masken und Tarnungen. Wir alle tragen solche. Wir alle haben ja im Leben bestimmte Rollen zu spielen... Im Gebet aber sollen und dürfen wir aus der Rolle fallen« (KD III,4, 107). Vgl. zu Barths Lehre vom Gebet *O. Herlyn*, Religion oder Gebet. Karl Barths Bedeutung für ein »religionsloses Christentum«, Neukirchen-Vluyn 1979.

96 KD III,3, 265.

97 Ebd.

98 KD III,3, 266.

und Heilsgeschichte, das wir als das Drama des Bundes verfolgen, in Beziehung setzen kann. Uns sind zudem weitere Hinweise darauf begegnet, was im Sinne Barths zum »Drama« gehört und was das Spezifische des »Dramas« – als menschliches Lebensdrama und als Drama zwischen Gott und seinem Geschöpf – ist: Endlichkeit und Einmaligkeit, eine in sich zusammenhängende Geschichte, die dramatische Spannung von Verfügen und Verfügtwerden, das Aufgerufensein zur Betätigung endlicher Freiheit in einzelnen Akten der Entscheidung und in der Lebensentscheidung selbst, das Verwiesensein auf eine schenkende, gebietende, begleitende, regierende und richtende Instanz.
Wir haben uns nach dem Blick auf das Lebensdrama des einzelnen Menschen in seiner Beziehung zum Bundesdrama danach zu fragen, wie sich das Drama der Weltgeschichte zum zentralen Stück verhält. Wir verweilen also noch bei der Vorsehungslehre im Rahmen der Schöpfungslehre und fragen nach der Ausrichtung der Geschichte des Geschöpfs.

3.5 Die Ausrichtung der Geschichte des Geschöpfs

Unsere bisherigen Beobachtungen in diesem Kapitel haben deutlich werden lassen:

»Es gibt ja *eine* unentbehrliche *Voraussetzung* des Gnadenbundes, des Reiches Christi und seiner Geschichte auch *außerhalb* des freien, barmherzigen Willens Gottes. Sie besteht darin, daß Gott nicht allein ist, sondern *zusammen* mit der Kreatur, daß also die Kreatur *neben* ihm und *außer* ihm *Existenz* und *Fortexistenz* hat.«[99]

In der Vorsehungslehre ist insbesondere zu fragen, wie sich nicht nur die Errichtung und Ausstattung des Schauplatzes, sondern auch die Existenz und Fortexistenz des theatrum gloriae Dei zum zentralen Stück verhält. Dabei ist deutlich:

»Der Schauplatz kann nicht Subjekt des auf ihm sich abspielenden Werkes sein. Er kann es gerade nur äußerlich möglich machen. Das tut die Geschichte des Geschöpfes als solchen.«[100]

Diese Geschichte des Geschöpfs ist auf das göttliche Werk ausgerichtet, »sie schafft dem göttlichen Willen und Tun im Gnadenbunde *Zeit*, *Raum* und *Gelegenheit*«.[101] Sie unterliegt der Teleologie des göttlichen Werkes.[102]
Diese Teleologie aber scheint dadurch durchbrochen zu werden, daß die auf dem Schauplatz erscheinende Kreatur von sich selbst her »als Krea-

99 KD III,3, 55.
100 Ebd.
101 KD III,3, 54.
102 Vgl. KD III,3, 56: »Zur Beschreibung der Teleologie des göttlichen Werkes dürfte das Bild vom ›Schauplatz‹ ... mindestens in die rechte Richtung weisen.«

tur kein Wissen um die Wege, die Gott, indem sie existiert, mit ihr gehen, und keine Gewalt über die Rolle, die er ihr dabei zuweisen will«[103], hat. Der freigesetzte Schauplatz entwickelt nun seine eigene Dramatik:

»die ganze ungeheure Fortsetzung der geschöpflichen Existenz als solcher, eine Geschichte von scheinbar ganz anderer Art, von scheinbar ganz anderem, zum Teil viel bescheidenerem, zum Teil viel großartigerem Inhalt, das unermeßliche Drama des kommenden und gehenden, auf- und niedersteigenden Daseins dessen, was außer Gott ist.«[104]

Wie wird das zentrale Stück zu stehen kommen im Verhältnis zu diesem großen *»Drama des Seienden ... mit dessen sich immer wieder vordrängendem und aufdrängendem Eigensinn«?*[105]
Es wird eine positive, sachliche und innere Zuordnung beider geben müssen, eine Zuordnung, die in der Treue Gottes begründet ist und die herzustellen »im großen und im kleinen unmittelbar *Gottes eigenes Werk*«[106] ist. Will man im dramatischen Modell sprechen, dann kommt Gott nicht nur als *Autor* und *Hauptfigur* des Stücks, sondern auch als dessen *Regisseur* in Betracht:

»Denn Gott hat weder im ganzen noch im einzelnen einen Automatismus erschaffen, dessen Ablauf sich dann ohne weiteres in Harmonie mit seinem Willen und also mit der Geschichte des Gnadenbundes abspielen würde. Der relativen Freiheit und Selbständigkeit, in der die Kreatur ihm gegenüber zu existieren begonnen hat und nun fortexistiert, entspricht vielmehr die vollkommene Souveränität, in der ihr Gott in ihrer ganzen Geschichte gegenwärtig ist, in der er selbst sie mit der Geschichte des Gnadenbundes zusammenhält und koordiniert, sie zu diesem in jene positive Beziehung setzt.«[107]

So wird denn nur von einem »*relativen* Eigensinn«[108] jenes großen Dramas des Seienden zu sprechen sein. Und im Hinblick auf die Bundesgeschichte als das zentrale Stück wird man nun nicht der Meinung sein können, »es ganz allein mit einem Akt jenes großen Dramas des Seienden zu tun zu haben«.[109] Gott steht vor dem ganzen Geschehen auf dem Schauplatz, er steht über ihm und ist als der eigentlich Handelnde ihm gegenwärtig. Die Vorsehungslehre formuliert mit diesem »vor, über, in«[110] ein begründetes »Dennoch« gegenüber dem Eindruck der verwir-

103 KD III,3, 60.
104 KD III,3, 43; Hervorhebung von mir.
105 KD III,3, 50; Hervorhebung von mir.
106 KD III,3, 48.
107 Ebd.; Sperrung getilgt. Gleichsam als »Regisseur« tritt Gott in der Seinsweise des Heiligen Geistes in Erscheinung: »Der Heilige Geist ist die Macht und seine Aktion ist das Werk der *Koordination* des Seins Jesu Christi und des von ihm verschiedenen, aber in ihm eingeschlossenen Seins seiner Gemeinde« (KD IV,3, 870).
108 KD III,3, 50.
109 Ebd.
110 Vgl. KD III,3, 51.

renden Fülle und dem Gewirr der Linien des kreatürlichen Geschehens.[111]

Freilich erschließt sich diese Sicht nicht als eine bloße Anschauung des Schauplatzes, nicht als eine »Weltanschauung«, sondern erst von dem zentralen Geschehen der Offenbarung Jesu Christi her. »Es kann dieses Erkennen nur im Licht und in der Kraft des Heiligen Geistes, nur von dem Menschen vollzogen werden, den der Vater zum Sohne, den der Sohn zum Vater zieht.«[112]

111 »*Dennoch* ist Gott selbst der, der auch da frei, gnädig und mächtig als der Erste vor allem kreatürlichen Geschehen, als der Höchste über ihm, als der eigentlich Handelnde ihm gegenwärtig und am Werke ist« (KD III,3, 50f).

112 KD III,3, 498.

4 »Das Geschehen zwischen Himmel und Erde«: Die dramatische Distanz von Himmel und Erde und die Rolle der Engel

Die Voraussetzungen für das Drama wären nur ungenügend bedacht, wenn die dramatische Distanz von Himmel und Erde außer acht bliebe. In die Sichtung dieser Distanz mündet »am Ende und Ziel und zugleich wirklich auf dem höchsten Punkt«[1] Barths Schöpfungslehre. Als Teil der Schöpfungslehre hätte die jetzt zu behandelnde Thematik wohl auch im vorangegangenen Kapitel unserer Untersuchung Platz finden können. Aber es spricht – wie zu zeigen ist – einiges dafür, Karl Barths Lehre vom Himmelreich und Gottes Botschaftern im Rahmen unseres Interpretationsversuchs mit besonderer Sorgfalt anzugehen. Wer nach der dramatischen Denkform in Karl Barths Kirchlicher Dogmatik fragt, muß hier innehalten; denn:

»Es ist das Geschehen zwischen Himmel und Erde, oder es ist nicht das Geschehen zwischen Gott und Mensch, nicht das Christusgeschehen. Man verschließe sich dem Geschehen zwischen Himmel und Erde, so hat man sich auch dem Christusgeschehen verschlossen. Und was dann übrig bleibt, ist ein bißchen Moral oder Mystik, ein bißchen Psychologie oder Existenzphilosophie.«[2]

Es ist also nicht nur Barths Liebe zu den Engeln[3] oder eine Inkonsequenz in der Ausführung seines Ansatzes[4], die dem jetzt zu betrachtenden § 51 der Kirchlichen Dogmatik Breite und Gewicht gibt. Vielmehr signalisieren die (wo sonst noch in der KD?) so ausführlichen Auslegungen der Johannes-Apokalypse und die deutlichen Anleihen bei Sprachspielen, die dem dramatischen Modell entstammen, daß nun (am Übergang zur Versöhnungslehre!) Barths dramatische Sicht eine vertiefte und exemplari-

1 KD III,3, 498.
2 KD III,3, 491.
3 Vgl. KD III,3, VI: »Ich liebe die Engel ...«
4 So z.B. *U. Mann*, Das Wunderbare. Wunder – Segen und Engel, (HSTh 17), Gütersloh 1979, 80: »B. zeigt auch hier, wie so oft, daß er kein Barthianer ist, vielmehr ein Mensch mit seinem Widerspruch; seine Engellehre hätte an sich erheblich knapper ausfallen dürfen – von seinem Ansatz her...« Vgl. dagegen aber schon den wichtigen Exkurs KD III,3, 268–271, in dem Barth vor einer Geringschätzung der Engel warnt: »... So sehe man wohl zu, ob ein engelloses ... Weltbild nicht etwa im Grunde ein gottloses Weltbild sein möchte...? Wo *Gott* ist, da sind auch seine *Engel*. Wo seine *Engel* nicht sind, da ist auch *Gott* nicht« (KD III,3, 270).

sche Darstellung findet. Das Geschehen zwischen Himmel und Erde verweist doch auf das Geschehen zwischen Gott und Mensch. Und die exemplarische Existenz der Engel wird ein Licht auf die Bedeutung von Sendungen und Gesandten im Drama werfen.[5]

4.1 Die dramatische Distanz zwischen Himmel und Erde

Gegenüber einer theologischen Tradition, in der er im Gefolge der Aufklärung eine »Angelologie des müden Achselzuckens«[6] verbreitet fand, in der die Engel womöglich als »metaphysische Fledermäuse«[7] dem Spott preisgegeben waren, wollte Barth den Realismus[8] des biblischen Zeugnisses von dem Geschehen zwischen Himmel und Erde und so auch den Realismus des biblischen Zeugnisses von den Engeln zur Geltung bringen – nun freilich nicht in Form einer »dunklen Metaphysik«, sondern in der »Entfaltung eines Dramas«, des Dramas zwischen Gott und Mensch. Wer aber, so las es Barth aus der Schrift, das Geschehen zwischen Gott und Mensch in den Blick nimmt, der muß sich damit ineins dem Geschehen zwischen Himmel und Erde stellen:

> »Denn, wo es um Gott und den Menschen in dieser christlich maßgebenden Gestalt, im Sinn der biblischen Begriffe dieser beiden Faktoren geht, da geht es immer auch um Himmel und Erde.«[9]

Das Verhältnis Gott-Mensch und Himmel-Erde darf zwar nicht als Identitätsverhältnis[10], wohl aber als ein *Entsprechungsverhältnis*[11] angesehen werden. Denn der Himmel ist – wie die Erde – Gottes Geschöpf. Ein Entsprechungsverhältnis kommt aber dadurch in den Blick, daß es wie im Verhältnis Gott-Mensch, so auch im Verhältnis Himmel-Erde »ein *Oben* und ein *Unten*, ein Vorher und ein Nachher, ein Mehr und ein Weniger gibt«.[12] Und darin spiegelt sich »das eigentliche, wahre, strenge Oben und Unten des Schöpfers und des Geschöpfes, Gottes und des Menschen«.[13] In der Konsequenz des Barthschen Denkens ist jenes Oben und Unten, jenes gleichnishafte Gegenüber von Himmel und Erde nun aber nicht »abstrakt« oder »statisch« zu fassen. Es wird erst durch Gottes Handeln und Verhalten als solches konstituiert:

5 Die in der Barth-Forschung oft nur mit Staunen registrierte Breite der Angelologie Karl Barths kann in unserem Interpretationsversuch also klärende Beleuchtung erfahren.
6 KD III,3, 479 (bei Barth gesperrt). Vgl. auch den theologiegeschichtlichen Exkurs zur »Angelologie des Achselzuckens« in: KD III,3, 480–486.
7 Vgl. KD III,3, 479.
8 Vgl. KD III,3, 491.
9 KD III,3, 487.
10 Vgl. KD III,3, 488.
11 »Es gibt eine *Entsprechung*, eine Ähnlichkeit des Verhältnisses zwischen Himmel und Erde und des Verhältnisses zwischen dem Schöpfer und seinem Geschöpf« (ebd.).
12 KD III,3, 490.
13 Ebd.

»Gottes *Handeln* und *Verhalten* gegenüber seinem Geschöpf begründet jene Hierarchie. Aus dem, was über den Himmel an sich und als solchen allenfalls zu sagen ist, läßt sich darum seine Überlegenheit gegenüber der Erde, in der er das Gleichnis der Überlegenheit Gottes gegenüber dem Menschen ist, nicht ablesen.«[14]

Auch hier gilt also, »daß man den ersten Artikel des Glaubensbekenntnisses nur im Lichte des zweiten verstehen und erklären kann«.[15] Keine »naturalistische Betrachtungsweise« und kein »metaphysisches Interesse« (auch nicht ein solches an den Engeln) lassen »Himmel und Erde« zum Thema der Schöpfungslehre werden. »Sonst wird nämlich alles, was im Bereich des ersten Artikels zu sehen ist, sofort wieder undeutlich und unglaubwürdig.«[16] Himmel und Erde werden vielmehr »im Zuge jener großen *Bewegung Gottes*, im Zuge jener seiner in freier Barmherzigkeit vollzogenen *Zuwendung*, ... im Zuge der Geschichte seines Gnadenbundes, der heimlich von Anfang an und in seiner Vollendung öffentlich den Namen *Jesus Christus* trägt«[17], thematisch. Erst im Zuge dieser Bewegung bekommt denn auch der (geschöpfliche) Himmel jene gleichnishafte Überlegenheit über die Erde, die doch der »Schauplatz seiner Herrlichkeit«[18], das theatrum gloriae Dei ist. Von dem Punkt aus, wo es im Glaubensbekenntnis heißt: descendit de coelo, will Barth die »Natur«[19] von Himmel und Erde erschlossen wissen. »Himmel und Erde« werden so von der Hauptperson des Dramas und ihrem Auftritt her thematisch. Im Blick auf diese Zuwendung zur Erde kann bestimmt werden, was es in der dramatischen Distanz von Himmel und Erde eben um die Erde und den Himmel ist:

»So besteht die Qualifikation, die Auszeichnung, die der Erde von Gott widerfährt, darin, daß sie die *Tiefe*, daß sie da *unten* ist: da, wohin Gott in seiner freien Gnade sich *herab*läßt, der Bereich, zu dem sich der in der Welt waltende Gott *herunter*beugt, ja in den er selbst *hernieder*steigt: *unser* Bereich.«[20]

Und der Himmel empfängt von dieser Bewegung her seine Bestimmung als »das geschöpfliche Woher des *Geschehens* auf Erden«[21], als der Ort in der Welt, »*von dem her* Gott am Menschen, für ihn und mit ihm handelt«.[22] Damit es zum Drama kommt, bleibt Gott nämlich nicht für sich – schlechthin überweltlich. Vielmehr bezieht er »im Zug seines Tuns der

14 KD III,3, 492f.
15 KD III,3, 498.
16 KD III,3, 499.
17 Ebd.
18 KD III,3, 501.
19 Vgl. KD III,3, 498.
20 KD III,3, 502. Zu beachten ist, daß Barth (a.a.O.) selbst den Vorwurf abweist, dadurch werde die Erde um die ihr eigene »Größe« und »Herrlichkeit« gebracht. »Es kann, in diesem Zusammenhang gesehen, ... keine Disqualifizierung, geschweige denn eine Schande bedeuten, daß die Erde *unten* ist. Ihre Herrlichkeit als dieser besondere Geschöpfbereich Gottes ist dadurch nicht bestritten.«
21 KD III,3, 517.
22 KD III,3, 503.

Erde gegenüber einen *anderen Ort* ..., um dem Menschen von dort her real *gegenüber*zutreten, von dorther real mit ihm in *Verkehr* zu treten«.[23] Dieser Ort ist der Himmel als der eigentümliche Bereich Gottes.

»*Ohne diesen besonderen Ort Gottes und die damit gesetzte Distanz* zwischen ihm und dem Menschen an seinem Ort könnte es zwischen Gott und dem Menschen offenbar keinen Verkehr und Umgang geben: *keinen Dialog*, sondern nur einen Monolog Gottes (oder vielleicht auch nur einen Monolog des Menschen!) *und so auch kein Drama zwischen Gott und Mensch*, sondern es müßte und würde entweder Gott oder der Mensch oder beide ihr eigenes Leben je für sich, ohne Beziehung zueinander und ohne Bedeutung füreinander leben.«[24]

Von diesem Ort – vom Himmel her wird Gott auf die Erde kommen, auf Erden reden und handeln. Darin hat der Himmel seine Auszeichnung. Er ist der Ort, von dem her Gott »auch auf der Erde je und je besondere Bereiche beziehen und einnehmen kann, von denen her jene Bewegung dann ihre konkreten – nun im engeren Sinn: ihre geschichtlichen – Gestalten bekommt«.[25] So ist denn also, »wo *Gott* herrscht, auch der *Himmel* in Bewegung und im Spiel«.[26]

4.2 Der Himmel als Gottes Thron

Der Himmel erscheint bei Barth so – im dramatischen Modell gesprochen – in der *Funktion einer »Pro-skene«*, eines »Proszenium« (nun freilich als »Über-«, nicht als »Vorbau«). Selber schon zur (geschöpflichen) Bühne gehörend, wird er der Ort, von dem her Gott die Szene betritt – und zu dem hin er wieder abtritt.[27] Damit wird nicht nur das wirkliche *Gegenübersein*[28], die Überlegenheit und Majestät Gottes, sondern auch sein allem vorausgehendes *Engagement* im Spiel deutlich:

»Nicht nur die Majestät Gottes, sondern gerade die Realität, in der er endlich und zuletzt selber Mensch und irdisch geworden ist, scheint es notwendig zu machen, daß jetzt so betont von der Beteiligung des Himmels am irdischen Geschehen geredet wird.«[29]

Der Rekurs auf die Bedeutung des Proszenium im Bühnengleichnis findet nun seine Berechtigung auch darin, daß sich Barth entschieden *gegen*

23 Ebd.
24 Ebd.; Hervorhebung von mir, Sperrung getilgt.
25 KD III,3, 504.
26 Ebd.
27 Vgl. KD III,3, 509: »So ist also der Himmel entscheidend *der Ort, wo* er, von *woher* und *wohin* er ist.«
28 Barth will ja nicht nur vom Handeln Gottes vom Himmel her, sondern auch vom Sein Gottes im Himmel sprechen. Nur kraft solchen Gegenüberseins kann es ja wirklichen Dialog, kann es Drama zwischen Gott und dem Menschen geben: »Gott will nicht aufgelöst sein in eine Beziehung, in der wir uns befinden. Sonst ist er nicht mehr Gott. Sonst löst sich auch diese Beziehung auf in die bloße Idee einer solchen« (KD III,3, 509).
29 KD III,3, 508.

ein Verständnis des Himmels als »Logeion«, *als »Loge«* (im späteren Sinne von »Ehrenzuschauerplatz«) abgrenzt:

»Denn nicht das sagen jene Worte (sc. Joh 1,51; Verf.), daß ein *Irdischer* vom Himmel her approbiert und applaudiert wurde, sondern daß hier von Gott und also vom *Himmel* her Einer gekommen, Mensch und irdisch geworden ist.«[30]

Dem entspricht es, wie Barth den Himmel als Gottes Thron schildert:

»Die entscheidende Anschauung ist aber doch wohl die, nach der im Himmel oder nach der der Himmel *selbst* Gottes *Thron* ist... . Dieser Thron ist aber nicht Gottes Ruheplatz. Er ist vielmehr geradezu seine Amtsstelle.«[31]

Das bedeutet aber, »daß er dort nicht etwa nur zugegen ist, von dorther nicht nur zusieht, sondern waltet, Macht übt, regiert«.[32] Thront Gott im Himmel, dann ist er schon dort engagiert dabei.[33] Wenn es in der Schrift (Ps 2,4) heißt: »Der im Himmel thront, lacht, der Herr spottet ihrer«, dann darf man ja »in diesem Lachen Gottes sicher nicht so etwas wie ein unbeteiligt-amüsiertes Zuschauerlachen sehen«.[34] Und wenn nach dem Neuen Testament »Christus zur Rechten Gottes sitzt, befindet er sich auf keinen Fall auf einem bloßen Ehrenzuschauerplatz, ist auch er auf keinen Fall müßig«.[35] »Wir können als gesichert vorwegnehmen, daß der von Christus zur rechten Seite Gottes eingenommene Platz bestimmt nicht der eines privilegierten Zuschauers der göttlichen Tätigkeit ist.«[36]

Barths Lehre vom Himmelreich ist so – fern davon, eine Ontologie des Himmels zu versuchen[37] – ganz auf die Funktion und Bedeutung des Himmels für das Drama konzentriert. Der Blick auf den Himmel wird möglich durch die »uns sichtbare und erkennbare *Beleuchtung* des oberen Kosmos«[38], dadurch, »daß er eine besondere Stellung und Funktion in jenem geschichtlichen Zusammenhang, im Plan und Vollzug der göttlichen *Heils*- und *Gnaden*absicht mit dem Menschen hat«.[39]

30 Ebd.
31 KD III,3, 510.
32 Ebd.
33 Vgl. KD III,3, 514: »*Dieser* eine wahre Gott wohnt, thront und regiert im oberen Kosmos, schaut von jenem Söller herunter auf aller Menschen Kinder, lacht von daher seiner Feinde, ist von dorther der Zeuge nicht nur, sondern der Richter, Helfer und Erretter der Seinigen.«
34 KD III,3, 510.
35 KD III,3, 511.
36 KD III,3, 511f.
37 KD III,3, 515f.
38 KD III,3, 516.
39 KD III,3, 517.

4.3 Die Rolle der Engel

Karl Barths Anschauung, nach der die Wirklichkeit des Himmels von der dramatischen Bewegung der Hauptperson her zu erschließen ist, muß nun auch Konsequenzen für die Angelologie, die Lehre und Rede von den »Himmlischen«[40] haben: »Man muß ... die Angelologie als einen *Annex* zur Christologie verstehen.«[41]
Damit ist von vornherein ausgeschlossen, daß die Rolle der Engel im Drama in Form eines »metaphysischen Vorspiels«[42], in dem ihre Rolle im Gegenüber zu der der Dämonen geklärt würde, hervortreten kann.[43]

»Das wäre natürlich der schlimmste Mißgriff, der hier vorkommen könnte, wenn man sie aus diesem Gegensatz verstehen und also womöglich damit anfangen wollte, sie als Gegenspieler des Teufels und der Dämonen zu beschreiben.«[44]

Und auch die Beschreibung einer eigenständigen Rolle der Engel wird so nicht möglich sein:

»Sie existieren und agieren nie selbständig, nie für sich. Sie haben keine eigene Geschichte, keine eigenen Zwecke, keine eigenen Erfolge. Sie haben kein eigenes Profil und keinen eigenen Charakter, keine eigene Gesinnung und kein eigenes Wollen.«[45]

Die Engel kommen *»nicht als Hauptpersonen, sondern als Randgestalten«*[46] in Betracht. Ja: »Sie sind wesenhaft Randgestalten.«[47] Engel können deshalb *keinesfalls »eine eigene Figur darstellen, eine eigene Rolle spielen«*.[48]
So bleibt es die einzige Möglichkeit, die Rolle und Funktion der Engel im Bundesdrama im Blick auf die Hauptperson zu bestimmen. Und hier ist es für Barths dramatische Sicht nun interessant und wichtig, daß er sich einer Rollenbeschreibung der Engel über einen biblischen Text nähert, der mit dem Motiv der Schlacht des Logos das Drama zwischen

40 Vgl. KD III,3, 530, wo Barth die von ihm auch sonst (vgl. z.B. 600) gebrauchte Benennung der Engel als die »Himmlischen« auf Sach 14,5; Ps 29,1; Phil 2,10 zurückführt. Diese Stelle der KD ist insofern interessant, als sie nach Barths eigenem Urteil die einzige Stelle darstellt, bei der er durch den auch sonst beständig geübten Gebrauch der »Zürcher Bibel« irregeführt wurde. Das AT, so wurde Barth von W. Baumgartner belehrt, kennt das Wort »die Himmlischen« nicht – nur die Übersetzung der Zürcher Bibel. Auffälligerweise änderte Barth daraufhin den Satz in seinem Handexemplar – nicht aber in der 2. Auflage von KD III,3. Vgl. zum Vorgang: Karl Barth, Offene Briefe 1945–1968 (Karl-Barth-Gesamtausgabe V), Zürich 1984, 346, Anm. 8.
41 KD III,3, 586.
42 Vgl. KD III,3, 623.
43 Vielmehr wird es die Aufgabe eines weiteren Teils unserer Untersuchung sein, die Rolle der Dämonen, die ihr Spiel als »Nachäffung« der Engel (KD III,3, 535) treiben, die die »Gegenspieler« der Engel (KD III,3, 432) sind, zu sichten.
44 KD III,3, 560.
45 KD III,3, 562.
46 KD III,3, 429; Hervorhebung von mir.
47 KD III,3, 428.
48 KD III,3, 562; Hervorhebung von mir.

Himmel und Erde thematisiert: Apk 19,11–16.[49] Im Gefolge des Logos Gottes, der auf weißem Pferd im blutgetränkten Gewand ausreitet, erscheinen die Heere im Himmel auf weißen Pferden.

»Es ist offenbar diese *Nachfolge* und *Begleitung* des vom Himmel auf die Erde kommenden *Wortes Gottes*, in welchem sie selbst als himmlisches Heer ihr eigentliches Wesen haben und sichtbar machen.«[50]

Die Engel erhalten also ihre Rolle im Drama gleichsam »als jene Reiter auf weißen Pferden«[51]:

»Diese Heerscharen *sind* eben wirklich nur, indem sie nach Apok. 19,14 dem Worte Gottes *folgen*: seinem Aufbruch, seinem Weg bis hin zu seinem Ziel mitten in der irdischen Existenz und Geschichte.«[52]

Haben die Engel ihre Rolle und Funktion in der Begleitung und Nachfolge des Wortes Gottes, dann ist damit schon angedeutet, was es um die exemplarische Existenz der Engel (und damit um die Bedeutung von Sendungen und Gesandten im Drama) ist. Und auch eine präzisere Antwort auf die wichtige Frage nach der Eigenständigkeit und Freiheit dieser Kreaturen wird von daher gegeben werden müssen. Wir führen deshalb die Frage nach der Rolle der Engel weiter, indem wir nach ihrer exemplarischen Existenz fragen.

4.4 Die exemplarische Existenz der Engel

Die Engel sind himmlische Kreaturen. Als solche sind sie »keine Emanationen Gottes«, vielmehr »in exemplarischer, in vollkommener Weise das, was das Wesen aller Kreaturen ausmacht, was aber den irdischen Kreaturen nur als Ursprung und Ziel eigentümlich ist: sie sind Gott gehörig und darum streng zu ihm gehörig«.[53] Diese strenge Zugehörigkeit zu Gott zeichnet die Engel vor den irdischen Kreaturen aus. Sie sind gegenüber den irdischen Kreaturen auf Gottes Seite.
Weil bei ihnen »das Problem der geschöpflichen Eigenständigkeit keine Rolle spielt«, kommt bei ihnen auch »die Möglichkeit der Abweichung und des Zurückbleibens nicht in Frage«.[54] »Ihre geschöpfliche Freiheit ist mit ihrem Gehorsam identisch.«[55] Ist dies deutlich ein zentraler Punkt der

49 Ein Rekurs auf diese Bibelstelle (die ja auch einer der Schlüsseltexte in v. Balthasars Theodramatik ist – vgl. z.B: TD II,1, 31ff –) findet sich auch in KD IV,3, 193, wo Barth über die biblischen Bezüge des dramatischen Motivs »Jesus ist Sieger!« Rechenschaft ablegt.
50 KD III,3, 523.
51 KD III,3, 527.
52 KD III,3, 525.
53 KD III,3, 561, vgl. 541.
54 KD III,3, 577.
55 Ebd.

Angelologie Karl Barths[56], so auch ein wichtiger Teil dessen, was Barth die exemplarische Existenz der Engel nennt. Die Engel repräsentieren und verwirklichen das, wozu alle Kreaturen bestimmt sind: Freiheit als Gehorsam.

Ein Drama zwischen Gott und den Engeln ist so ausgeschlossen[57] – während die wiederholten Verweise auf die geschöpfliche Eigenständigkeit der irdischen Kreatur gerade in unserem Abschnitt[58] den dramatischen Horizont zwischen Gott und Mensch offenhalten. Freilich stellt Barths Einschätzung der kreatürlichen Freiheit eine bleibende Anfrage an seine dramatische Konzeption dar.[59] Im Blick auf den Menschen als Sünder werden wir dem im nächsten Kapitel unserer Untersuchung nachzugehen haben. Im Blick auf die Engel hat sich Barth in dem uns beschäftigenden Zusammenhang aber dagegen verwahrt, daß die Ausrichtung ihrer Freiheit als Gehorsam sie zu einer langweiligen Existenz verdammen würde:

»Ihre Existenz ist darum nicht langweilig (wie die Langweiligen unter den Theologen hier zu meinen pflegen), weil sie als Gottes Umgebung und Begleitung alle Hände voll mit dem, was er will und tut, und also mit uns zu tun haben.«[60]

56 Vgl. KD III,3, 582f: »Ich wiederhole den Satz: ihre Freiheit besteht in ihrem Gehorsam.«

57 Darin trifft sich die himmlische Kreatur mit der irdischen, nicht-menschlichen Kreatur. Auch zwischen Gott und jener nicht-menschlichen Kreatur, die zur Ausstattung des theatrum gloriae Dei gehört, kann es kein Drama geben. Wir waren ja schon im Zusammenhang mit Barths Beschreibung des Schauspiels der Tierwelt auf diese Parallele zwischen der himmlischen und der irdischen nicht-menschlichen Kreatur aufmerksam geworden (vgl. oben S. 40). Diese Parallelität ist darin begründet, daß es für Barth höchst fraglich ist, ob es im Bereich der außermenschlichen Kreatur so etwas wie einen »Sündenfall« überhaupt geben kann: »Es wird doch kein Zufall sein, daß die heilige Schrift uns zwar von der Sünde des Menschen sehr viel, von einer Sünde im außermenschlichen Bereich aber genaugenommen gar nichts sagt.« Und die in dem Menschen Jesus geschehene Inkarnation Gottes weist darauf, daß das konkrete Drama, in dem Gott ins Spiel tritt, eben an die Existenz des Menschen gebunden ist: »Dieser Fall ist die Besonderheit des menschlichen Bereichs, nicht aber – weil Jesus nicht Tier, Pflanze oder Stein, sondern nur Mensch geworden und weil mit einer entsprechenden Identität von Schöpfer und Geschöpf anderswo nicht zu rechnen ist – auch die dieser außermenschlichen Bereiche, wo das Licht des göttlichen Gegenübers auf alle Fälle nur indirekt, nur mittelbar leuchtet, wo *das konkrete Drama, das der Sinn der menschlichen Existenz ist,* sich in Ermangelung der direkten und unmittelbaren Gegenwart des göttlichen Gegenspielers weder in seiner normalen noch in seiner abnormalen, weder in seiner möglichen noch in seiner unmöglichen Gestalt entfalten kann« (KD III,2, 166f; Hervorhebung von mir).

58 Vgl. KD III,3, 562.566.577.601.

59 Vgl. hinsichtlich der Angelologie Karl Barths die kritische Einschätzung bei v. Balthasar, TD II,2, 438–448. Hans Urs von Balthasar hat in einem Brief (vom 22.11.1985) an den Verfasser dieser Untersuchung seine Kritik an Barths Freiheitsverständnis zugleich als Anfrage an unser Vorhaben, eine dramatische Denkform in Karl Barths KD aufweisen zu wollen, formuliert: »Ich denke, daß das wirklich Dramatische bei K. Barth erst in IV, in der Christologie, ganz zum Zuge kommt, wobei sich natürlich immer fragt, ob der Mensch wirklich Mitspieler wird – vom ausgeschalteten Teufel ganz zu schweigen. Mir scheint Dramatik in der Theologie die katholische Sicht der menschlichen Freiheit vorauszusetzen (auch noch ›rudimentär‹ im Sünder, wie immer man das näher festlegen mag – ›semipelagianisch‹ sagen die Protestanten, aber das Wort ist sehr vieldeutig). Daher halte ich Ihre Thematik nur in gewissen Grenzen für durchführbar – in K. Barths Absicht ist sie es sicher.«

60 KD III,3, 568f.

Kann man sich denn – so wird man Barths Argument gegen die Kritiker seines Freiheitsverständnisses formulieren dürfen – eine größere und schönere Freiheit denken und wünschen als die, in Gottes Wollen und Vollbringen einzustimmen?[61] Und eben das tun die Engel in ihrer exemplarischen Existenz: Sie sind »nicht nur erste, sondern beste Zeugen, Kronzeugen, reine Zeugen von Gottes Wort und Werk«.[62] In ihrer Existenz und ihrem Dienst als Zeugen tun »schon die Engel im Himmel ..., was ja dann von den irdischen Geschöpfen auch auf Erden zu tun sein wird«.[63]

»Das ist es ja, was die Kreatur – ob sie himmlische oder irdische Kreatur sei – im Vergleich zu Gott und im Vergleich zu ihrer Mitkreatur leisten, worin sie Beistand sein kann: sie darf sein Zeuge sein.«[64]

In unserem Blick auf Barths Erwählungslehre war uns die Rolle des Zeugen der Herrlichkeit Gottes – als Rolle des erwählten Menschen – schon einmal begegnet. Barth hatte sie dort als Zeugenschaft »seiner ganzen Herrlichkeit«[65], als Zeugenschaft von Gottes Ja und Gottes Nein beschrieben. Und wir hatten gesehen, wie sich das Geschehen des Bundes zum Drama des Bundes öffnet, indem der erwählte Mensch als Zeuge der ganzen Herrlichkeit Gottes mit dem ihm überlegenen Nichtigen konfrontiert wird, das so auch für Gott, der an der Seite des Menschen ist, zu einem ernsthaften Gegner wird. Und wir werden dieser Konfrontation mit dem Nichtigen im nächsten Abschnitt unserer Untersuchung noch einmal nachzudenken haben. Wir haben aber hier zu fragen, in welcher Weise die Engel in ihrer exemplarischen Existenz als Zeugen auf dem Plan sind. Sind die Engel Zeugen nur des Ja von Gottes Willen oder auch Zeugen des göttlichen Nein? Sind die Engel dazu bestimmt, auch mit dem Nichtigen konfrontiert zu werden, oder nicht?

Barth denkt wohl dahin, daß die Engel reine Zeugen des göttlichen Ja sind, daß sie auch dort, wo sie die große Bewegung Gottes begleiten und »Menschen zur *Teilnahme* an dieser Geschichte, an jenem Kampf und Sieg auf(zu)rufen«[66], selbst der Konfrontation mit dem Nichtigen nicht so ausgesetzt sind wie die irdischen Kreaturen. Einen Engelfall schließt Barth aus: »Ein wirklicher, ordentlicher Engel *tut das nicht*«.[67] So wird

61 Alle anderen Grundbestimmungen geschöpflicher Freiheit hat Barth gerade in KD III,3 als Folge eines »Angstkomplexes Gott gegenüber« (170) geortet und angegriffen: »als sei Gott seinem Geschöpf ein Fremder, ein Gegner, womöglich ein Feind, als stünde es mit der Freiheit und dem Recht, der Ehre und Würde des Geschöpfes um so besser, je mehr es einen Gott gegenüber abgegrenzten und gesicherten Raum sein eigen nennen könne, und um so schlimmer, je mehr dieser Raum eingeengt, und ganz schlimm, wenn er ihm etwa ganz genommen sein könnte« (166).

62 KD III,3, 583.

63 KD III,3, 547.

64 KD III,3, 538.

65 KD II,2, 153.

66 KD III,3, 622.

67 KD III,3, 623.

die Existenz der Engel als Zeugen für alle die Rollen im Drama exemplarisch, von denen gesagt werden kann: »Sie kennen, verehren und lobpreisen das Wort und Werk seiner Barmherzigkeit«.[68]

Solche Zeugenschaft kann auch schon bei den Engeln verschiedene Gestalt annehmen, vollzieht sie sich doch in Liturgie und Diakonie[69] und wird sie doch kollektiv und individuell[70] wahrgenommen. So sind denn bei den Engeln im *»höheren Chor«* exemplarisch die Rollen vorgebildet, die dem Volk Gottes auf Erden zukommen werden: *die Rolle des Chores*, der das Handeln Gottes anerkennt, erkennt und bekennt[71], und die Rolle einzelner »Botschafter Gottes«[72], weshalb die Engel ja auch als »Urtypen der Propheten und Apostel«[73] fungieren.
Bei alldem sind die Engel »reine Zeugen«: »Sie treten gerade nie in die Mitte, sondern sie lassen die Mitte offen«[74] – für die Bewegung Gottes, die sie begleiten und der sie nachfolgen, und für das menschliche Zeugnis, das »bei aller Demut, in der auch es, wenn Gott in die Mitte tritt, allein erfolgen kann, nun doch selber auch den *Endzweck* von Gottes Tun auf Erden darstellt«.[75]

68 KD III,3, 582.
69 Vgl. KD III,3, 529.
70 Vgl. KD III,3, 525: »Gibt es hier eine Gliederung, dann gibt es hier auch *Glieder*.« Ebd., 531: »Diese Namen einzelner Engel (sc. in der Schrift; Verf.) sind ... zunächst ein Beweis dafür, daß wir uns das Heer oder die Versammlung im Himmel ... nicht bloß als Kollektiv, sondern auch individualisiert zu denken haben.«
71 Das Selbstzeugnis Gottes wird »vom Zeugnis der Engel *begleitet* und durch das Zeugnis der Engel als göttlich *bestätigt* und *ausgewiesen*« (KD III,3, 585). Vgl. zur »Chorrolle« der Engel auch den wichtigen angelologischen Exkurs in der Vorsehungslehre KD III,3, 268–271.
72 Vgl. KD III,3, 601.
73 KD III,3, 581.
74 KD III,3, 538.
75 KD III,3, 588. Das scheint auch der Grund dafür zu sein, daß Barth in der Versöhnungslehre nicht mehr auf die Rolle und Funktion der Engel zu sprechen kommt: Im Versöhnungsgeschehen lassen die Engel so offenbar die Mitte frei für Jesus Christus – den wahrhaftigen Zeugen – und das Zeugnis der Christenheit. Barth hat die Rolle der Engel auch mit der des Täufers verglichen und gesagt: »Sie verblassen wie die Sterne in dem Maß, als es Tag wird und bleibt« (KD III,3, 588).

5 Das »Affentheater des Nichtigen«, das »Possenspiel« des Sünders, das »Stücklein vom Garten Eden«: Widerspiel und Gegenspieler

5.1 Die Problematik der Rolle des Widerspiels und des Gegenspielers

Eine Fülle von Aspekten, die zur Entfaltung des Dramas gehören werden, steht nun schon vor uns: die Hauptfigur des Stücks, von der her und auf die hin es entworfen wurde (wobei man sich ja immer vor Augen halten muß, daß hier nicht die »Idee« von einer Hauptfigur, sondern der konkrete »Schauspieler« schon von Anfang an den Plan bestimmt – der Logos ist Platzhalter für den Menschen Jesus[1]); der Titel des Stücks, der zugleich seinen Eingang und seinen Ausgang bezeichnet; der Schauplatz als Voraussetzung des Spiels; die Ausstattung des Schauplatzes und die auf ihm agierenden Mitspieler; die Ausrichtung des Geschehens auf dem Schauplatz als ein aktuelles und souveränes Werk dessen, der nicht nur vor dem Schauplatz ist und auf ihm erscheinen soll, sondern auch über ihn wacht und mit dem Tun seiner rechten Hand – wie ein guter Regisseur – das Geschehen auf dem Schauplatz mit dem zentralen Stück zusammenhält und koordiniert.
Darf nun ein Blick auf das Widerspiel und den oder die Gegenspieler erfolgen? Und darf dieser Blick schon jetzt erfolgen?[2] Und wenn: Darf es mehr als ein »kurzer, scharfer Blick«[3] sein?
Wir sind ja bereits in der Begegnung mit Barths Erwählungslehre auf den Doppelaspekt aufmerksam geworden, unter dem das Nichtige[4] in Be

1 Vgl. KD II,2 103. Nur nebenbei sei bemerkt, daß es im dramatischen Modell durchaus einleuchtet, wenn ein Stück im Blick auf einen konkreten Protagonisten entworfen wird. Vgl. *U. v. Wilamowitz-Moellendorff*, Die griechische Tragödie und ihre drei Dichter, Berlin 1923, 37: »Es konnte nicht ausbleiben, daß der Dichter sich bestimmter Schauspieler versicherte und bei der Ausarbeitung seiner Figuren auf den künftigen Darsteller Rücksicht nahm...«
2 Barth war ja bekanntlich der Meinung, daß die Frage nach dem »ganze(n) düstere(n) Vorspiel oder Gegenspiel zu Gottes Bund und Gnadenwerk« (KD IV,1, 152) ihren Ort »sehr natürlich unmittelbar hinter der Christologie« (KD IV,1, 156) habe.
3 Vgl. KD III,3, 609.
4 Vgl. dazu: *W. Krötke*, Sünde und Nichtiges bei Karl Barth (Neukirchener Beiträge zur Systematischen Theologie 3), Neukirchen-Vluyn ²1983, 22. Zur bei Barth nicht immer deutlichen Differenzierung von »Sünde« und »Nichtigem« vgl. ebd., 18: »Das Nichtige hat entsprechend dem Objekt, auf das es trifft, notwendig verschiedene Gestalten. Es bekleidet sich sozusagen bei seinem Einbruch in die Schöpfung so mit dem Sein der

tracht kommt: Es ist zum einen das von Gott Ausgeschlossene, dem Gott in unendlicher Überlegenheit und Souveränität gegenübersteht und das so kein eigentlicher Widerpart Gottes ist. Es ist zum anderen aber das Nichtige etwas, dem der Mensch als Geschöpf nicht überlegen gegenübersteht, dem er vielmehr verfallen kann und um dessentwillen das Nichtige auch für Gott, der in Jesus Christus an die Stelle des Menschen tritt, zu einem Gegenspieler wird.
Zum einen gilt: Das Nichtige »ist *für Gott kein Widerpart*, sondern der durch seinen Zorn wie entstandene so schon verjagte Schatten seines Werkes«.[5] Es ist »das von Gott nicht Gewählte und Gewollte und also das Nichtige, die unendliche Fülle der von ihm übergangenen, mit gutem Grund nicht realisierten Möglichkeiten«.[6] Das Nichtige kann Barth so nur in ontologischen Negationen denken und zur Sprache bringen[7]: als die unmögliche Möglichkeit, die »Revolution des Nihilismus«[8], die »absurde Möglichkeit des Absurden«[9], als die ontologische Unmöglichkeit, als »unmöglich, sinnlos, rechtlos, würdelos, grundlos«.[10]
Zum anderen muß man aber sagen:

»Gott *kennt* dieses Nichts als den *Gegenspieler* seines Geschöpfes, als den, der es verführen und verderben möchte... Es ist – gewissermaßen an der Grenze des Kosmos, dem er das Sein gegeben hat – *beständig auf dem Plan.*«[11]

Da begegnet nun »die große menschliche Unordnung, die das Gegenspiel der göttlichen Gnadenordnung bildet«.[12] Da wird das Nichtige zwischen dem Eingang und dem Ausgang des Dramas von der konkreten Hauptfigur her konkret und konkret identifizierbar. Ist doch das Drama, die Kampfgeschichte Jesu Christi, »gewiß nicht die Geschichte eines Scheingefechtes ..., sondern die ihres Zusammentreffens mit einem ernsthaft bedrohlichen Gegner: so bedrohlich, daß ihr Sieg, alles wohl überlegt, auf allen Stufen ... jede Wahrscheinlichkeit gegen sich zu haben scheint«.[13] Die Realität des Widerspiels und des Gegenspielers wird so erst »konkret in ihrer Gegensätzlichkeit zu dem in Jesus Christus wirk-

Schöpfung, daß seine verschiedenen Gestalten entstehen. Seine Nichtigkeit wirkt sich verschieden aus: als Sünde, Tod und Übel. In jeder dieser Gestalten ist es aber das *ganze* Nichtige.«
5 KD III,3, 87f; Hervorhebung von mir.
6 KD III,3, 88.
7 Vgl. Krötke, a.a.O., 27.
8 KD IV,1, 456.
9 KD IV,3, 203.
10 KD IV,3, 204.
11 KD III,3 86f; Hervorhebung von mir.
12 KD IV,1, 464, vgl. KD IV,1, 152.
13 KD IV,3, 299.

samen und offenbaren Willen Gottes, aber auch in der Gegensätzlichkeit, der sie dadurch ihrerseits unterworfen ist, anerkannt und *erkannt*«.[14]
Es gilt also: Dem Widerspiel und dem Gegenspieler wird *keine Rolle* im Stück *zugewiesen*; es wird allenfalls zum Spielen seiner Rolle *zugelassen*.[15] Indem Jesus Christus auf den Plan tritt,

> »läßt er es zu zum Spielen der Rolle seines Gegenpartners, erlaubt er ihm, ihm gegenüber zu zeigen, was es ist, will und kann, gibt er sich selbst dazu her, sich seiner Opposition auszusetzen und seinerseits als Opponent dieser Opposition der zu sein, der er ist, sich von diesem Gegner die Frage und das Problem stellen zu lassen, auf das er Antwort zu geben hat«.[16]

Die Frage nach dem Widerspiel und dem Gegenspieler kann deshalb nicht als Frage nach dem »Woher« des Bösen gestellt und beantwortet werden.[17] Sowenig wie von Gott »in abstracto« gesprochen werden kann, sowenig kann vom Bösen »in abstracto« gehandelt werden.[18] »Der christliche Begriff der Sünde ist also nicht irgendwo im leeren Raum *remoto Christo* zu gewinnen«.[19] Die Erkenntnis des Nichtigen eröffnet sich vielmehr erst *vom Zentrum des Dramas her*: »Was Jesus Christus ans Kreuz gebracht und was er am Kreuz besiegt hat, *das* ist das Nichtige.«[20]

14 KD IV,3, 202; vgl. KD III,3, 423: »Eben so hat das Nichtige Wirklichkeit, eben daraus ergibt sich ja auch sein Charakter und eben daraus *die Rolle, die es gespielt hat, spielt und noch spielen darf*: es ist der Feind, den Gott als seinen eigenen angesehen, angegriffen und aus dem Felde geschlagen hat« (Hervorhebung von mir).
15 Vgl. *Krötke*, a.a.O., 26: »Wenn Barth ... von einer ›Zulassung‹ des Nichtigen durch Gott spricht, dann ist das die letzte Konsequenz seines offenbarungsmäßigen Denkens. Sie bringt zum Ausdruck, daß die Konfrontierung Gottes mit dem Nichtigen von Gott um des Geschöpfes willen *erduldet* werden sollte. Eine Ungerechtigkeit gegen das Geschöpf beinhaltet diese Zulassung auf keinen Fall. Denn Gott wollte ja die ganze Not und Gefahr, in die das Nichtige den Menschen verwickelt, von vornherein seine eigene Not und Gefahr sein lassen.« Als zugelassen kann das Widerspiel der Sünde aber auch von Gott in Dienst genommen werden. Sie muß dann wider ihre Natur eine von Gott bestimmte Rolle spielen; vgl. KD IV,1, 153.452.
16 KD IV,3, 214. Vgl. auch die sorgfältigen Ausführungen zum »Unde-malum-Problem« bei *Krause*, a.a.O., 262ff, hier besonders 270f: »Ihm (sc. Barth, Verf.) liegt daran, das in Christus laut werdende Nein Gottes zu Leiden, Sünde, Übel und Tod nicht nur als die *Folge* der Wirksamkeit des Nichtigen, sondern bereits als dessen christologische *›Voraussetzung‹* zu interpretieren: In Jesus Christus setzt Gott sich (im Wissen um das seinem Bundeswillen a priori Widersprechende) verneinend der absurden Entstehung des Nichtigen voraus. Sein Nein ist *eher* da als das Nichtige selbst. Es bildet gleichsam den durch Gottes Souveränität und Menschenfreundlichkeit schon vorgegebenen Raum, in den hinein *allein* sich das Nichtige verwirklichen kann«.
17 Die – von uns schon mehrfach berührte – Rede von der »gewissen Anfälligkeit« des Menschen für das Böse will das »Woher« des Bösen nicht »erklären«: »Auch eine christliche Lehre von der Sünde, in der von einer der menschlichen Natur schöpfungsmäßig innewohnenden Potentialität des Bösen nicht die Rede sein kann, wird ja damit rechnen müssen, daß der Mensch vermöge seiner *Geschöplichkeit* im Unterschied zu Gott der Anfechtung vom Chaos her ausgesetzt ist, daß er dem ihm innerlich fremden Nichtigen nicht in der Überlegenheit Gottes, sondern, ohne daß ihm eine in diese Richtung weisende Möglichkeit zuzuschreiben wäre, in einer gewissen Anfälligkeit gegenübersteht« (KD IV,2, 447; vgl. KD II,1, 566).
18 Vgl. KD IV,3, 201.
19 Vgl. KD IV,3, 426f.
20 KD III,3, 346.

5.2 Die (künstliche) Dramatisierung des Selbstgesprächs des Sünders unter dem Gesetz, die Entdramatisierung der Sünde im Neuprotestantismus und Barths Verständnis der konkreten Identifizierung der Sünde im Christus-Drama

Die Nötigung zu diesem Vorgehen hat Barth in § 60,1 (»Der Mensch der Sünde im Spiegel des Gehorsams des Sohnes Gottes«) ausführlich dargelegt. Sündenerkenntnis, heißt es hier, kann nicht im Vollzug menschlichen Selbstverständnisses und Selbstbewußtseins, kann in keinem menschlichen Selbstgespräch wirklich werden. »Zu der Erkenntnis, die des Namens ›Erkenntnis der Sünde‹ wert wäre, ist im Rahmen einer nicht durch Gottes Wort erleuchteten und belehrten Selbsterkenntnis *kein* Raum.«[21] Der Zugang zur Erkenntnis der Sünde fehlt dem Menschen gerade deshalb, weil er Sünder ist.[22] Von daher wird für Barth auch die Möglichkeit wirklicher Erkenntnis der Sünde unter dem Gesetz problematisch. Denn können, so fragt er, ein abstrakter Gott (nämlich der von seiner konkreten Selbsterschließung in Jesus Christus abstrahierte Gott der cognitio Dei naturalis) und ein abstraktes Gesetz (nämlich eine lex naturae im individuellen oder kollektiven Gewissen oder im angeborenen Naturgesetz) dem Sünder wirklich als ein *Gegenüber* begegnen, das ihn zu der Erkenntnis führt, »daß der Mensch sich zu Gott (und darüber hinaus zu seinem Nächsten und zu sich selbst) im *Widerspruch* befindet«?[23] Sind ein abstrakter Gott und ein abstraktes Gesetz nicht bloß ein »supponiertes Gegenüber«, mit »deren Setzung wir doch nur einen weiteren Akt unseres Selbstverständnisses vollzogen haben«?[24]

In einer unter dem (abstrakten) Gesetz gewonnenen Sündenerkenntnis konnte Barth so nur eine Fortsetzung des menschlichen *Selbstgesprächs* sehen, insofern sie den Menschen nur dorthin zu führen vermag, »wohin er auch in einem bloßen Selbstgespräch und also auch ohne dieses Gegenüber gelangen kann und in der Regel gelangen wird: zur Erkenntnis seiner Unvollkommenheit«.[25] Der »homo incurvatus in se« wird so gerade nicht mit dem wahren Gott und mit seiner wirklichen Sünde, sondern letztlich nur mit sich selbst konfrontiert: Unter dem (abstrakten) Gesetz kann es allenfalls zu einer (künstlichen) *Dramatisierung des menschlichen Selbstgesprächs* kommen:

»Haben wir es in diesem Gott nicht doch nur mit einem Spiegelbild unserer eigenen Existenz – mit dem Inbegriff unserer eigenen ›Existenz in der Transzendenz‹ – zu tun, im Verhältnis zu dem wir also *unser Selbstgespräch nur* sublimiert, *dramatisiert*, mythologisiert haben? Haben wir uns nicht doch nur eingebildet, im Verhältnis zu ihm ein von außen, von einem anderen an uns gerichtetes Wort vernommen zu haben?«[26]

21 KD IV,1, 398; Hervorhebung getilgt.
22 KD IV,1, 398.
23 KD IV,1, 402.
24 KD IV,1, 402f.
25 KD IV,1, 402.
26 KD IV,1, 403; Hervorhebung von mir.

Wird die Erkenntnis Gottes und des Menschen »in einem abstrahierend konstruierten Grundverhältnis Gottes des Schöpfers zum Menschen als seinem Geschöpf« geortet und »die Erkenntnis eines aus diesem so konstruierten Verhältnis sich ergebenden, angeblich von Gott aufgerichteten und vom Menschen zu erfüllenden Gesetzes« als Grund der Sündenerkenntnis des Menschen namhaft gemacht, dann droht als Gefahr,

daß »die Erkenntnis der menschlichen Sünde auf dem Hintergrund dieser eigenmächtigen Konstruktion sich schließlich doch nur als eine *dramatisierte Form* der Selbsterkenntnis des sich selbst überlassenen Menschen erweisen, daß es also in jener Entgegenstellung zu einer Erkenntnis der wirklichen Sünde, deren der Mensch vor Gott angeklagt und vor ihm schuldig ist, schwerlich kommen möchte«.[27]

Die Gefahr, daß Gottes- und Sündenerkenntnis in einem dramatisierten Selbstgespräch des Menschen steckenbleiben, sah Barth von daher auch dort gegeben, wo es unternommen wird, die unter dem Gesetz gewonnene Selbsterkenntnis des Sünders mit Hilfe der Heiligen Schrift zu »untermauern«. Wo Gottes konkrete Willensäußerung nur als »praeceptum symbolicum« gebraucht wird, als eine Willensäußerung, die allenfalls eine Vertiefung und Verschärfung der unter der lex naturae gewonnenen Selbsterkenntnis des Sünders bewirkt, da kann es nur zu einer *biblizistischen Dramatisierung* des menschlichen Selbstgesprächs kommen:

»dann wird alle *biblizistische Dramatisierung* und Mythologisierung jenes Selbstgespräches nicht verhindern können, daß der Mensch sich früher oder später von Gott und seinem Gebot einerseits und von seiner eigenen Schuld und Not andererseits vom Zeugnis der Schrift und von der Wahrheit sehr abweichende, für ihn selbst sehr annehmbare, aber sachlich sehr unangemessene, nämlich sehr *harmlose*, ausgleichende und vermittelnde Vorstellungen machen wird«.[28]

Die künstliche Dramatisierung des Selbstgesprächs des Sünders unter dem Gesetz bedeutet so letztlich eine *»Entdramatisierung«* der Wirklichkeit von Gott und Mensch, bewirkt eine Verharmlosung der Sünde und bereitet den Weg dazu, daß »endlich und zuletzt auch der liebe Gott selbst zu einem Symbol, zu einer ›Chiffre‹ werden mag«.[29]
Sah Barth die Gefahr einer Verharmlosung der Sünde in Form der künstlichen Dramatisierung des Selbstgesprächs des Sünders unter dem Gesetz besonders in Zügen der Theologie der reformatorischen Tradition gegeben[30], so ortete er eine weitere Form der Entdramatisierung und Verharmlosung der Sünde in der Theologie des Neuprotestantismus. Die einschlägigen Gedanken dazu, die in Fortführung des eben Dargelegten in § 60,1 begegnen, werfen noch einmal ein erhellendes Licht auf Barths

27 KD IV,1, 428; Sperrungen getilgt, Hervorhebung von mir.
28 KD IV,1, 412; Hervorhebung von mir. Vgl. KD IV,1, 411.
29 KD IV,1, 412.
30 Diese vermag – etwa im Blick auf *Röm 2,15* – das Selbstgespräch des Sünders bzw. der Sünder in der Tat positiver zu sehen als Barth.

Verständnis des dramatischen Charakters der Wirklichkeit von Gott und Mensch.
In dieser Form der Verharmlosung der Sünde wird es unternommen,

»den Konflikt, in welchem sich der Mensch befindet, zu überblicken, ihn in seiner unvermeidlichen Begrenzung und Relativität zu verstehen. Man sieht jetzt Gott und die von ihm so sehr verschiedene Welt, Gott und sich selbst in seinem Abstand und Gegensatz ihm gegenüber nicht mehr in einer Geschichte, im Vollzug einer Entscheidung, sondern als formal gleichartige Substanzen, Gottes Gnade und des Menschen Sünde als Zustände auf einer Ebene und in einem wenn auch nicht ungestörten, so doch nicht eigentlich bedrohten oder gar zerbrochenen und also nicht erst grundsätzlich zu erneuernden Zusammenhang.«[31]

Auf der Linie von L. Wegschneider und K.G. Bretschneider über Hegel und Schleiermacher bis zu E. Troeltsch fand Barth ein Verständnis der Sünde als eines (widrigen oder notwendigen) *Durchgangspunkts*, als einer Entwicklungsstufe auf dem Weg des Menschen zur sittlichen Vollkommenheit angelegt[32]:

»Man sieht und versteht dann wohl die Sünde als ein mögliches, nicht ganz unfruchtbares, ja als ein in seiner Weise unentbehrliches Element in diesem Zusammenhang, als den mittleren Akt in einem Drama, dem andere Akte vorangingen, andere nachfolgen werden, der, genau gesehen, von diesem Vorher und zu diesem Nachher hin Ereignis werden *muß*.«[33]

Aber gerade damit ereignet sich eine Verharmlosung und tiefe Entdramatisierung der Sünde! Denn wird sich der Mensch auf der Linie dieses Sündenverständnisses

»nicht endlich und zuletzt doch auch dabei zu beruhigen und zu befriedigen wissen, es möchte sein Böses heimlich und im Grunde bereits ein Gutes oder doch sein notwendiger Durchgang dazu, es möchte ihm also sein Sündigen von Gott nahegelegt, gesetzt und verordnet sein: bis hin zu der Vermutung, es möchte im Wesen und Leben Gottes selbst eine Entsprechung haben?«[34]

Sündenerkenntnis, so folgert Barth, kann sich nicht auf Grund eines konstruierten Normbegriffs (sei es als »abstraktes Gesetz« oder als Idee der sittlichen Vollkommenheit) ereignen. Sie ereignet sich wohl aber in der Begegnung mit der lebendigen Person Jesus Christus, in einer *dramatischen Begegnung*, die nicht mit einer »christologischen Methode« zu verwechseln ist.[35]
Karl Barth vertritt die programmatische These:

31 KD IV,1, 413.
32 Vgl. KD IV,1, 413–427.
33 KD IV,1, 413.
34 KD IV,1, 429.
35 Vgl. KD IV,1, 431.

»Daß der Mensch der *Mensch der Sünde* ist, was seine Sünde *ist* und was sie für ihn *bedeutet*, das wird erkannt, indem *Jesus Christus* erkannt wird, *nur* so, so *wirklich*.«[36]

Wir werden nun aber die – gewiß interessante – Beobachtung machen, daß Barth in seiner dramatischen Denkform dazu gebracht wird, diese These eigentümlich zu modifizieren. In der Konsequenz seiner Ausgangsthese müßte es eigentlich liegen, daß die Sünde in Jesus Christus erkannt wird, »weil der Mensch der Sünde ... uns in Jesus Christus selber vor Augen steht«.[37]

»Man sieht *Ihn* und sieht im Spiegel sich selbst, sich selbst aber als den, der die Sünde tut und der Sünder ist. Man findet sich hier in unausweichlicher Weise angeklagt und in unwiderruflicher Weise verurteilt.«[38]

Das heißt aber: In dem (gekreuzigten) Jesus Christus erblicken wir unsere Sünde so, daß wir sie in ihrer Verurteilung und im Gericht über sie, das ihre Verwerflichkeit offenlegt, erblicken. Gottes Urteil über die Sünde steht uns im gekreuzigten Jesus Christus vor Augen. Aber erblicken wir auch den Menschen der Sünde in Jesus Christus? Es läßt sich nämlich – darauf hat I. Klaer aufmerksam gemacht – »der Gedanke, daß der Sünder sich in Jesus Christus wie in einem Spiegel erkennt, nicht ohne Schwierigkeiten durchführen (am gekreuzigten Jesus wird gewiß das Urteil Gottes über die Verwerflichkeit der Sünde deutlich, aber erscheint die Sünde selber in Jesus ablesbar?)«.[39]
Barth scheint diese Schwierigkeit gespürt zu haben. Denn er spricht nun in den grundsätzlichen Überlegungen in § 60,1 (und – wie wir noch sehen werden – auch in den weiteren hamartiologischen Abschnitten der Versöhnungslehre) von einer *Identifizierung der Sünde im Christus-Drama*. Er blickt auf den *Kontrast* (auf dem Weg Jesu Christi und) im Kreuzesgeschehen: Das ist der »*Kontrast* zwischen dem, was *Gott* hier für den Menschen will und nicht ohne ihn ... tut, und dem, was der *Mensch* ... hier seinerseits will und tut«.[40] In diesem Kontrast haben wir uns als Sünder – nicht in Jesus Christus, wohl aber – »in den Werken *der Jesus Christus am Karfreitag umgebenden ... Figuren, die nur allzusehr unsere Repräsentanten waren*«[41], vor Augen.[42] Hier kommt es zur Betroffenheit

36 KD IV,1, 430.
37 KD IV,1, 431.
38 KD IV,1, 431.
39 *I. Klaer*, Grundriß der Dogmatik zum Gebrauch in Repetitorien (maschinenschriftliche Vervielfältigung), Naumburg o.J., 97.
40 KD IV,1, 441.
41 KD IV,1, 457; Hervorhebung von mir.
42 Barth denkt dabei besonders an Werk und Gestalt des *Judas*, vgl. KD IV,1, 441f. Im Blick auf die Umbiegung, die Barths Gedankengang in § 60,1 erhält, ist besonders erhellend die Fortsetzung des oben aus KD IV,1, 457 zitierten Gedankens: »Gerade wer an ihn glaubt, in ihm seinen eigenen und der ganzen Welt Heiland erkennt, wird sich in *diesen* Figuren und nicht etwa in der Unschuld und Geduld, nicht etwa im Gehorsam Jesu Christi wiedererkennen«. Im Blick auf die Identifizierung des Menschen als Sünder sagt Barth auch in KD IV,2, 436, »daß er nicht umhin kann, sich selbst und jeden anderen

dessen, der auf der Bühne gleichsam seine eigene Geschichte gespielt sieht. Im Blick auf die Jesus umgebenden Figuren gilt vorzüglich der Ruf: »Das tust du! So bist du!«.[43] Und im Blick auf das am gekreuzigten Jesus deutlich werdende Urteil Gottes über die Verwerflichkeit der Sünde gilt vorzüglich der Ruf: »Das hast du davon!«[44] Im Kontrast zum gehorsamen Gottes- und Menschensohn wird die Rolle des Sünders als Gottesleugner, Brudermörder und Selbstzerstörer offenbar:

»Es ist eben der Kontrast der Rolle, die der Mensch hier im Werk seiner eigenen Versöhnung mit Gott zu spielen bekommt, die Offenbarung des *Vergehens*, dessen er sich schuldig macht und um dessentwillen er *der Versöhnung* ... schlechterdings bedürftig ist.«[45]

In einem dramatischen Kontrastgeschehen also wird die Sünde konkret identifiziert, und es weichen alle Versuche, das Verhältnis von Gott, Mensch und Sünde in eine Ordnung und Harmonie bringen und so erklären zu wollen.

»Nicht vor ein lebendiges Bild, dessen einzelne Figuren zusammengehören und in ihrer Gesamtheit überschaubar sind, sondern *mitten in ein Drama – in das Drama, in welchem es um uns selber geht* – finden wir uns dann versetzt.«[46]

Barths Sicht der konkreten Identifizierung der Sünde im Christus-Drama läßt in besonderer Weise zwei Eigentümlichkeiten des »Dramatischen« bzw. des »Dramas« hervortreten, die es festzuhalten gilt. Das Drama stellt ein Geschehen als »vollkommen gegenwärtig«[47] dar und setzt ein

Menschen in eben den Gestalten ... wiederzuerkennen, von denen Jesus in dieser Geschichte umgeben ist«.

43 KD IV,1, 431.

44 Ebd.

45 KD IV,1, 441.

46 KD IV,1, 453; Hervorhebung von mir.

47 Die *»vollkommene Gegenwärtigkeit«* eines (vergangenen) Geschehens, die das Drama und die dramatische Denkform prägt, hat Barth gelegentlich durch eine biographische Erzählung sehr eindrücklich beschrieben. In KD IV,2, 125 spricht er von einer Kindheitserfahrung, die ihm gleichsam seinen *»ersten theologischen Unterricht«* vermittelte: die baseldeutschen Kinderlieder Abel Burckhardts. Jene Kinderlieder scheinen das dramatische Phänomen vollkommener Gegenwärtigkeit eines vergangenen Geschehens für Barth treffend nahegebracht zu haben, so daß es angebracht ist, die betreffende Passage ausführlich zu zitieren. Barths Äußerungen zum (dramatischen) Phänomen vollkommener Gegenwärtigkeit werfen ein erhellendes Licht auf die *Bedeutung der dramatischen Denkform für die theologische Hermeneutik*: »Was sich mir unverlöschlich eingeprägt hat, war die heimelige Selbstverständlichkeit, in der in diesen gewiß bescheidenen Dichtungen von den Geschehnissen der Weihnacht, des Palmsonntags, des Karfreitags, der Ostern, der Himmelfahrt, des Pfingstfestes geredet wurde als von Ereignissen, die sich zufällig gerade heute morgen in Basel oder in der Nähe von Basel abspielten, wie irgendwelche andere aufregende Tagesvorfälle. Historie? Lehre? Dogma? Mythos? Nein! Das alles war ja in vollem Geschehen. Das alles *sich selbst anzusehen, anzuhören und sich zu Herzen zu nehmen* wurde man ja, indem einem diese Lieder in der Sprache, die man auch sonst hörte und zu sprechen begann, vorgesungen wurden und indem man sie mitsang, eben jetzt von der Mutter an der Hand mitgenommen... Repräsentation – so ähnlich wie die unblutige Wiederholung des Opfers Christi im römischen Meßopfer? – oder so ähnlich wie der Glaube, der nach jener etwas krampfhaften Lehre in einem Nachvollzug der Kreuzigung Christi in unserer eigenen

»unausweichliches« Konfrontations- und Identifikationsgeschehen frei, durch das ein Geschehnis »extra me« zu einem Geschehen »pro (bzw. contra) me« wird.
Hans Urs von Balthasar hat diese Eigentümlichkeiten des Dramatischen unter dem Stichwort der angeschauten »Heilsdramatik« so beschrieben:

»Zu diesen beiden Erfahrungen: ›Es ist wirklich wahr‹ und ›Ich bin dabei‹ bringt das Theatralische noch ein Moment, vielleicht verdeckter, zur Geltung; der Gedanke: hier wird für mich gespielt, weckt den tiefern: dies ganze Geschehnis ist ›für mich‹, es ist um meinetwillen geschehen und fordert mich damit im letzten ein.«[48]

Die Tendenz des Dramas und des Dramatischen zu vollkommener Gegenwärtigkeit und zu einem unausweichlichen Konfrontations- und Identifizierungsgeschehen ist denn auch ein wesentliches Kriterium, um das Eigentümliche des Dramatischen gegenüber dem Epischen zu bestimmen – ein Sachverhalt, der gerade auch bei der in unserem Interpretationsversuch zu stellenden Frage, was das Besondere der »Entfaltung eines Dramas« gegenüber der »Erzählung einer konkreten Geschichte« in Barths Kirchlicher Dogmatik ist, zu beachten sein wird. Denn die Bestimmung des Unterschieds zwischen dem Epischen und dem Dramatischen stellt ja ein erhebliches Problem dar, zumal – wie Goethe bereits 1797 klagte – *»wir Moderne ... die Genres so sehr zu vermischen geneigt sind, ja ... nicht einmal imstand sind, sie voneinander zu unterscheiden«*.[49] Als Unterscheidungsmerkmal stellten denn auch Goethe und Schiller in ihrer Abhandlung »Über epische und dramatische Dichtung« heraus, »daß *der Epiker* die Begebenheit als *vollkommen vergangen* vorträgt und *der Dramatiker* sie als *vollkommen gegenwärtig* darstellt«[50].

Existenz bestehen soll? Nochmals: Nein! *Es war ja alles ohnehin keiner Vergegenwärtigung bedürftig, gegenwärtig: Lessings ›garstiger Graben‹ nichtexistent, Kierkegaards Gleichzeitigkeit kein Problem*, der Heiland selbst offenkundig gestern und heute *derselbe*! Eine naive Sache, unwürdig, im akademischen Raum überhaupt erwähnt zu werden? Gewiß sehr naiv, aber vielleicht in der Naivität tiefster Weisheit, in höchster Kraft und, wenn einmal begriffen, wohl geeignet, den Menschen nachher durch ganze Ozeane von Historismus und Antihistorismus, Mystik und Rationalismus, Orthodoxie, Liberalismus und Existentialismus – gewiß nicht unversucht und unangefochten, aber doch verhältnismäßig schadlos hindurchzutragen und irgendeinmal zur Sache selbst zurückzuführen« (Hervorhebung von mir). Wie wichtig diese Lieder mit dem Phänomen vollkommener Gegenwärtigkeit nicht nur für Barths theologische Hermeneutik, sondern auch für seine theologische Existenz waren, zeigt eine Bemerkung in E. Buschs Beschreibung seines Lebenslaufs: Noch drei Tage vor seinem Tod stimmte Barth »allein ein paar der in früher Kindheit gelernten geistlichen Kinderlieder von Abel Burckhardt an« (*Busch*, a.a.O., 515).

48 TD I, 103.

49 Brief Goethes an Schiller vom 23.12.1797. Der Briefwechsel zwischen Schiller und Goethe, hg. von S. Seidel, Bd. I: Briefe der Jahre 1794–1797, Leipzig 1984, 459 (Hervorhebung von mir).

50 Über epische und dramatische Dichtung. Von Goethe und Schiller (1797), in: Goethe (Berliner Ausgabe 17), Berlin und Weimar 1970, 326–328, hier 326 (Hervorhebung von mir).

Schiller ergänzte diese – von Goethe in Vorschlag gebrachte[51] – Bestimmung des Dramatischen in seinem berühmten – und in jüngster Zeit auch wieder in der Theologie beachteten[52] – Brief vom 26.12.1797[53] durch den Aspekt des unausweichlichen Konfrontations- und Identifikationsgeschehens.[54]
Hält man sich einmal an diese – nur kurz angedeuteten und vielleicht noch recht groben – Unterscheidungsmerkmale des Dramatischen gegenüber dem Epischen, dann leuchtet ein, daß gerade Barth von einer Identifikation der Sünde im Christus-Drama redet. Denn in puncto Sündenerkenntnis, so haben wir gesehen, kann und darf es nach Barth kein gleichsam episches Umherschweifen der Phantasie oder beliebiges Verweilen geben, vielmehr hat man beim Blick auf das Christusgeschehen »einfach keinen Raum und keinen Atem mehr. Man ist hier aufs Erste verhaftet, abgeführt und eingesperrt.«[55]

Wir kehren nun zu unserem Ausgangspunkt, der Problematik der Rolle des Widerspiels und des Gegenspielers, zurück. Barths Auffassung von der konkreten Identifizierung der Sünde hat deutlich werden lassen, daß erst in der Begegnung mit der Hauptfigur des Dramas die Rolle des Widerspiels und des Gegenspielers offenbar wird. Erst das Auftreten der Hauptfigur entlarvt *die »vom Menschen ins Spiel gebrachte(n) Verwirrung«*[56] als ein Widerspiel eben der Hauptfigur, »als Widerspiel, als Karikatur des dreifachen Amtes und Werkes Jesu Christi«.[57] Und so wird auch erst in der konkreten Begegnung der Güte des Schauplatzes mit dem Unwesen des Nichtigen dessen Widerspiel erkennbar: als eine

51 Vgl. seinen Brief vom 23.12.1797, a.a.O.
52 Vgl. *E. Jüngel*, Gott als Geheimnis der Welt. Zur Begründung der Theologie des Gekreuzigten im Streit zwischen Theismus und Atheismus, Tübingen [3]1978, 423.
53 Zur Datierung vgl. Der Briefwechsel zwischen Schiller und Goethe, hg. von S. Seidel, Bd. III: Kommentar, Leipzig 1984, 298.
54 Brief Schillers an Goethe vom 26.12.1797, in: Der Briefwechsel zwischen Schiller und Goethe, Bd. I, 462f: »Ich möchte noch ein zweites Hilfsmittel zur Anschaulichmachung dieses Unterschieds in Vorschlag bringen. Die dramatische Handlung bewegt sich vor mir, um die epische bewege ich mich selbst, und sie scheint gleichsam stillezustehen. Nach meinem Bedünken liegt viel in diesem Unterschied. Bewegt sich die Begebenheit vor mir, so bin ich streng an die sinnliche Gegenwart gefesselt, meine Phantasie verliert alle Freiheit, es entsteht und erhält sich eine fortwährende Unruhe in mir, *ich muß immer beim Objekte bleiben*, alles Zurücksehen, alles Nachdenken ist mir versagt, weil ich einer fremden Gewalt folge. Beweg ich mich um die Begebenheit, die mir nicht entlaufen kann, so kann ich einen ungleichen Schritt halten, ich kann nach meinem subjektiven Bedürfnis mich länger oder kürzer verweilen, kann Rückschritte machen oder Vorgriffe tun usf.« (Hervorhebung von mir).
55 KD IV,1, 431. In einem übertragenen Sinne kennzeichnet solches »Verhaftetsein« (»ich muß immer beim Objekte bleiben«) ja das christologische Denken in der Dogmatik überhaupt. Vollzieht es sich doch nach Barths eingangs (s.o S. 1, Anm. 2) zitierter Definition »in der Aufgeschlossenheit gegenüber seiner Selbsterschließung, in der Folgerichtigkeit der ihm zustehenden Folgsamkeit«, so daß Barths Bestimmung des christologischen Denkens in der Dogmatik überhaupt eine Tendenz zur dramatischen Denkform hat (wobei allerdings sogleich hinzugesetzt werden muß, daß bei dieser dramatischen Denkform in der Dogmatik das Nachdenken nicht versagt ist!).
56 KD IV,3, 798; Hervorhebung von mir.
57 KD IV,3, 430.

Nachäffung, die gegenüber dem theatrum gloriae Dei – ein Affentheater veranstaltet. Bevor wir diese »Pseudo-«Rollen der Sünde und des Nichtigen in ihrer von Barth gegebenen Charakteristik näher kennenlernen, muß aber noch eine Frage deutlicher beantwortet werden: Warum spricht Barth vom Widerspiel und Gegenspieler in Wendungen, die diese irgendwie der Lächerlichkeit preisgeben? Die Überschrift zu diesem Kapitel unserer Untersuchung stellt ja solche Wendungen zusammen. Hat sich Barth der gewichtigen Frage Anselms entzogen: »Nondum considerasti, quanti ponderis sit peccatum«?[58] Oder gewinnt das Drama hier den Charakter eines Osterspiels, in dem die Rolle des Gegenspielers dem Ostergelächter preisgegeben ist?[59]

5.3 Die Lügenexistenz des Nichtigen

»Das Nichtige ist die Lüge!« konnte Barth ausrufen.[60] Es führt eine schillernde Lügenexistenz, in der es darauf aus ist, *entweder verharmlost oder aber überschätzt zu werden.*
Einerseits ist zu sagen:

»Das Nichtige jubiliert geradezu, wenn es bemerkt, daß es *nicht* bemerkt, daß es womöglich tapfer entmythologisiert wird...«[61]

Andererseits gilt aber:

»Einen festen Platz im Welt- und Geschichtsbild und in der Gedanken- und Gefühlswelt der Menschen zu bekommen, als ernster Mitspieler und Gegenspieler Gottes und des Menschen anerkannt zu werden, ist genau das, was ihm paßt!«[62]

Das Nichtige darf also weder ignoriert, noch verabsolutiert werden.[63]

58 Gerade diese Frage an Barth kann nach Barth nicht in einer allgemeinen »Phänomenologie der Sünde« beantwortet werden: »Gerade Anselms Frage: quanti ponderis sit peccatum? empfängt ihre Antwort vom Kreuze Christi her oder sie empfängt sie gar nicht« (KD IV,1, 456; Hervorhebung getilgt).
59 Darin dürfte schon ein wesentliches Motiv liegen. Gilt doch, daß Jesus Christus auf die Sünde »zurück- und hinunter-«blickt, »und wenn wir auf ihn blicken, dürfen und müssen wohl oder übel auch wir auf sie zurück-und hinunterblicken« (KD IV,1, 158f).
60 KD III,3, 618, vgl. KD IV,3, 301.
61 KD III,3, 617.
62 Ebd.
63 Daraus erklärt sich m.E. eine scheinbare Widersprüchlichkeit in Barths Rede vom Nichtigen: Einerseits kann er vom Widersetzlichen im Menschen – vom Teufel – sagen, daß die Theologie »ihn nur in der Weise ernst nehmen (kann; Verfasser), daß sie ihn, den Mythus in Person, sofort ›entmythologisiert‹ und der Lächerlichkeit preisgibt« (KD IV,3, 301); andererseits konnte er im Blick auf den Versuch, vom Widersetzlichen zu reden, meinen: »Es liegt im Wesen der Sache, daß wir das nur in fast oder ganz mythologischer Redeweise versuchen können« (KD IV,3, 291).

Vielmehr gilt es, immer wieder seine Lügenexistenz *zu entlarven.*[64] Dazu ist es nötig, »daß seine Gewalt und Tücke als die den Menschen beherrschende, versuchende, verführende, Gott aber schlechthin unterlegene Fremdmacht konkret erkannt und sichtbar gemacht wird«.[65]
In jenen Wendungen, die das Nichtige der Lächerlichkeit preisgeben, begegnet so der von uns eingangs beschriebene Aspekt im Verhältnis Gottes zum Nichtigen, nach dem Gott diesem Ausgeschlossenen in unendlicher Überlegenheit gegenübersteht. Und zugleich setzt sich dieser Blick auf das Nichtige – von Ostern her – auch in jenem zweiten Aspekt durch, nach dem das Nichtige um des Menschen willen auch für Gott ein ernsthafter Gegner ist. So dienen jene Wendungen, die das Nichtige in seiner lächerlichen Lügenexistenz entlarven, zum einen dazu, den Sieg, der vom Eingang und Ausgang des Dramas her feststeht, auch im Vollzug seiner Beschreibung ernst zu nehmen. Zum anderen aber kann durch sie die für den Menschen verführerische und zerstörerische *»Rollensucht«*[66] des Nichtigen aufgedeckt werden: Da begegnet das »Affentheater des Nichtigen«[67], das »Possenspiel« des Sünders[68], da wird in der Geschichte der adamitischen Menschheit »das Stücklein vom Garten Eden in immer neuen Reprisen zur Darstellung«[69] gebracht, da treibt der Mensch der Sünde sein »Gaukelspiel«[70], da bindet er sich die Lüge »als die Larve, die Maske«[71] um.

5.4 »Nachäffung« als Spiel des Teufels und der Dämonen

Nach den vorangegangenen Beobachtungen ist deutlich: Der Teufel und die Dämonen können keine eigenständigen Personen des Dramas sein. Von ihnen kann nur im Gegensatz geredet werden[72], und als Gegenspiel treten sie auf: die Dämonen als Widersacher der Botschafter Gottes[73], wobei sie ihr Spiel als »Nachäffung« der Engel[74] treiben; der Teufel als das »independente Unwesen«[75], als das »Widersätzliche im Menschen«[76]. Als *Gegenspiel* treiben sie ihr Unwesen: »der Erweis, daß der Teufel

64 An der *»Entlarvung«* des Nichtigen und der Sünde ist Barth ja besonders gelegen, da als ein Grundzug der Sünde und des Nichtigen die *»Verdeckung«* zu gelten hat; vgl. z.B. KD IV,1, 466ff; KD IV,2, 516ff; KD IV,3, 430.
65 KD IV,3, 301.
66 Im dramatischen Modell vermag der Ausdruck »Rollensucht« vielleicht ganz treffend wiederzugeben, was W. Krötke, Sünde und Nichtiges bei Karl Barth, 47, als das Trachten des Nichtigen nach einer fremden Hypostase beschrieben hat.
67 KD III,3, 619.
68 KD IV,1, 484.
69 KD IV,1, 567.
70 KD IV,3, 503.505.
71 KD IV,3, 499.
72 Vgl. KD IV,3, 300.
73 Vgl. KD III,3, 610ff.
74 Vgl. KD III,3, 535.
75 KD IV,1, 469.
76 KD IV,3, 300.

Gott *nichts Eigenes, sondern nur verfälschende Nachäffungen* entgegenzustellen hat«.[77]
So kommt *Verwirrung*[78] auf das theatrum: »Das Zusammenspiel von Kosmos und Mensch, Mensch und Kosmos«[79] geht nicht in Ordnung; »in schlechtester Nachäffung Gottes«[80] bezieht der Mensch im Banne des Gegenspiels alle Kräfte des Kosmos auf sich. Aber er wird ihrer nicht Herr: Jetzt werden die *Erdgeister*, die herrenlosen Gewalten, zu ihrem verwirrenden Spiel entfesselt.[81]
Nachäffung Gottes – das ist das Nichtige in seiner dämonischen Dynamik:

»Das Nichtige möchte alles *auch* – und zwar nicht nur etwa das, was diese und jene *Kreaturen* sind, können, wirken und ausrichten, sondern darüber hinaus vor allem: *auch* das, was *Gott* ist, will und tut. Und es möchte nicht nur: Es macht tatsächlich auch, es versucht jedenfalls auch zu machen, was Gott tut. Es spielt Schöpfung und Erlösung, Vorsehung und Weltherrschaft. Es spielt Gesetz und Evangelium. Es spielt Gnade und Gericht. Alles Lüge! ... Es ist nicht anders zu beschreiben: Es ist schon ein wahres Affentheater, das da aufgeführt wird!«[82]

5.5 Des Menschen Sünde als Widerspiel des dreifachen Amtes Jesu Christi

Des Menschen Sünde, so war bereits im Blick auf § 60,1 deutlich geworden, wird erst in der Begegnung mit Jesus Christus konkret identifiziert und identifizierbar. Der Auftritt der Hauptfigur, die dramatische Bewegung des Seins Jesu Christi entlarvt den Hochmut, die Trägheit und die

77 KD IV,3, 431; Hervorhebung von mir.
78 Nur »Verwirrung«, nicht »Verteufelung« von Mensch und Welt kann das Gegenspiel anrichten: »Es ist dafür gesorgt, daß der Mensch, indem er sich nach dem Bild dieses Unwesens ausrichtet, nicht geradezu verteufeln, ... seine von Gott her zu Gott hin offene Natur zwar verleugnen, aber nicht loswerden kann« (KD IV,1, 469, vgl. KD IV,3, 798).
79 KD IV,3, 799.
80 Ebd.
81 Den »Erdgeistern« – für die Herkunft des Begriffs und der Vorstellung verweisen die Herausgeber von KD IV,4 (Nachlaß), H.-A. Drewes und E. Jüngel, a.a.O. 389, Anm. 35 auf Goethes *Faust, V. 460ff* – hat Barth im Fragment der Ethik der Versöhnungslehre unter dem Stichwort der »herrenlosen Gewalten« nachgedacht: »In dem gleichen plötzlichen oder allmählichen Ruck, in welchem sich der Mensch von Gott löst, revolutioniert er nämlich die ihm zugeordneten und untergeordneten Naturkräfte: zuerst die in ihm selbst schlummernden und dann erwachenden, dann auch die in dem ihn umgebenden Kosmos verborgenen, durch seinen Scharfblick und seine Kunst entdeckten und entfesselten ›Erdgeister‹« (KD IV,4, – Nachlaß – 389f). Im Blick auf Barths Sicht der »Erdgeister« im Drama dürfte auch die Bestimmung von »Erdengeist« bei Chr. Thomasius interessant sein; vgl. *J. Hoffmeister*, Wörterbuch der philosophischen Begriffe, Hamburg ²1955, 209: »Das Wort ›Erdengeist‹ findet sich bei Chr. Thomasius (Versuch vom Wesen des Geistes, 1709) im Sinne von ›toter Kraft, Unkraft‹ im Gegensatz zum lebendigen Gottesgeist.« – In der kritischen Edition von KD IV,4 (Nachlaß) wird auch sehr schön deutlich, wie häufig Barth in den laufenden Text der Dogmatik Anspielungen auf Theaterdichtung und Dramenliteratur einbringt; vgl. z.B. 164.166.253.266.320.351.355. 364.393.
82 KD III,3, 618.

Lüge als Widerspiel zur Hauptrolle, eben »als Widerspiel, als Karikatur des dreifachen Amtes und Werkes Jesu Christi«.[83]
Abgesehen von der das Spiel klärenden und tragenden Hauptrolle kann sich das Widerspiel der Sünde als höchst respektable und eindrucksvolle Leistung ausgeben, sich in Szene setzen und nach vorne spielen. Da treibt der Mensch der Sünde sein Gaukelspiel. Barth sieht die sich hier eröffnende Dramatik sehr wohl, kann er doch in Hinblick auf die Hauptfigur auch sagen:

»Ob seine Minoritätsstimme sich gegenüber der Majorität all der unzähligen anderen Sprüche, Offenbarungen, Verkündigungen, Zeugnisse, Bekenntnisse und inmitten von so viel nur zu beredtem Schweigen auch nur vernehmlich zu machen oder gar durchzusetzen vermag, das wird wohl zu allen Zeiten und in allen Zonen mit gutem Grund gefragt werden können.«[84]

Während sich gerade der Mensch der Sünde unter der verdeckenden Rollensucht des Nichtigen in Szene setzt! Da spielt sich der Mensch der Lüge auf, da will er als »Ersatz-Christus agieren«[85]:

»Er errichtet ein theoretisches und praktisches Wahrheitssystem. Er begründet Wahrheitsparteien. Er befestigt Wahrheitsfronten. Er eröffnet Wahrheitsschulen, Wahrheitsakademien. Er feiert Wahrheitstage und ganze Wahrheitswochen. Er organisiert förmliche Wahrheitsfeldzüge. Er macht es in Sachen der Wahrheit so gut, daß Jesus Christus, der wahrhaftige Zeuge, mit ihm verglichen als ein wahrer Waisenknabe und Stümper erscheint...«[86]

Aber – wir haben vorgegriffen. Zunächst muß Barths Sicht der Sünde als Widerspiel in der Systematik der KD deutlich aufgezeigt werden. Schon die einleitende Übersicht über die Stellung der hamartiologischen Abschnitte in KD IV, 156ff stellt die Rolle der Sünde als Widerspiel des dreifachen Amtes Jesu Christi heraus:

83 KD IV,3, 430.
84 KD IV,3, 255.
85 KD IV,3, 503.
86 KD IV,3, 502.

	Amt Jesu Christi	*Widerspiel der Sünde*
»Die Sünde ist offensichtlich (1) die Negation, das *Widerspiel* dessen, was Gott in Jesus Christus für uns tut, ... indem er, der Herr, K n e c h t wird, um unsereKrankheit auf sich selbst und so von uns wegzunehmen.«[87]	munus sacerdotale: *Der Herr als Knecht* (§ 59)	*Des Menschen Hochmut* und Fall (§ 60)
»Die Sünde ist aber weiter (2) die Negation, das *Widerspiel* dessen, daß Gott in Jesus Christus, dem Knecht, der zum H e r r n wurde, des Menschen Erhöhung – nicht zur Gottheit, wohl aber an seine eigene Seite, in die Lebensgemeinschaft mit ihm vollzogen hat.«[88]	munus regale: *Der Knecht als Herr* (§ 64)	*Des Menschen Trägheit* und Elend (§ 65)
»Die Sünde ist endlich (3) dieNegation, das *Widerspiel* dessen, daß Gott in Jesus Christus sich selbst zum B ü r g e n der Wirklichkeit des von ihm als Knecht und Herr, in jener Bewegung von oben nach unten, von unten nach oben vollzogenen Geschehens, daß er sich selbst zum Zeugen der Wahrheit der Versöhnung gemacht hat.«[89]	munus propheticum: *Der wahrhaftige Zeuge* (§ 69)	*Des Menschen Lüge* und Verdammnis (§ 70)

87 KD IV,1, 156; Hervorhebung von mir.
88 KD IV,1, 157; Hervorhebung von mir.
89 KD IV,1, 157; Hervorhebung von mir.

In den einzelnen hamartiologischen Abschnitten wird dann das Widerspiel der Sünde näher charakterisiert. Gegenüber dem Gehorsam des Sohnes Gottes, der ein Knecht wird, wird das Widerspiel des Sünders als Hochmut offenbar:

»Er *spielt* die Rolle des der Welt und dem Mitmenschen, sich selbst und seinem Schicksal, auch seiner Beziehung zu Gott überlegenen, dieses Ganze von sich aus überblickenden, durchschauenden, meisternden und regierenden Wesens: die Rolle der Zentralmonade, von der alle anderen sich (wie die Garben im Traum des Joseph Gen. 37,7) zu verneigen bestimmt sind.«[90]

Gegenüber dem königlichen Menschen, der zum Herrn wird, erscheint das Widerspiel des Sünders in Gestalt der Trägheit, in der sich die Sünde »womöglich noch wirksamer als in ihren anderen Gestalten zu camouflieren versteht«.[91] Da bringt der Sünder das verräterische Sprüchlein vor: »›Wir sind alle nur Menschen.‹«[92]

Gegenüber Jesus Christus, dem wahrhaftigen Zeugen, wird das Widerspiel des Sünders als Lüge offenbar, die die lichte Szene verdunkelt – »... wie die dicken Nebelschwaden, in die er sich gerade in diesen Jahren des Herrn und des Heils immer wieder eingequalmt hat und die er da zur Unehre Gottes und zum Unheil des Menschen immer wieder über das ganze Feld verbreitet«.[93] Dabei gilt doch gerade ihm der Ruf: »Du *bist* doch gar nicht der Mensch der Sünde, in dessen Figur und Rolle du immer noch auftrittst.«[94]

Im Blick auf Barths Durchführung der Sündenlehre im Rahmen der Versöhnungslehre gilt also, was Walter Sparn gelegentlich hinsichtlich von Barths Kennzeichnung des Sünders in der Erwählungslehre KD II,2 festgestellt hat: »Die Metaphorik des Theaters bietet sich in diesem Zusam-

90 KD IV,1, 480. Den Menschen in seiner »Rolle als der Einzige« hat Karl Barth auch sehr eindrücklich beschrieben in: Gotteserkenntnis und Gottesdienst nach reformatorischer Lehre. 20 Vorlesungen (Gifford-Lectures) über das Schottische Bekenntnis von 1560, Zürich 1938, 54: »Mit derselben Absolutheit, mit der der Mensch zuvor sich selber geschmückt hat, schmückt er nachher – mit dem bekannten Ehrgeiz eines zärtlichen Vaters – die Kinder seines Selbstbewußtseins: die Systeme, mittelst derer er (wenigstens dichtend und denkend!) seine göttliche Freiheit und Herrschaft auszuüben gedenkt. Man könnte sie auch als *die Kostüme* bezeichnen, die er *in seiner Rolle als der Einzige* abwechselnd – eines schöner als das andere – anzieht. Und wie die Väter sich manchmal ihren Kindern fügen müssen, wie jedes Kostüm den Schauspieler zu einer bestimmten Haltung nötigt, so bekommen und haben auch die erdichteten und erdachten menschlichen Systeme sofort eine bestimmte Macht über den Menschen« (Hervorhebung von mir).

91 KD IV,2, 516f.

92 KD IV,2, 515. Man muß sehen, daß die Dummheit als »Grunddimension der menschlichen Trägheit« in der »Weltgeschichte, in jeglichem menschlichen Lebensbereich und tief verborgen oder auch handgreiflich offenbar in jeder menschlichen Lebensgeschichte ihre Rolle – wahrlich eine Hauptrolle! – spielt« (KD IV,2, 464).

93 KD IV,3, 504.

94 KD IV,3, 533.

menhang nicht zufällig an.«[95] Nur muß man sehen, daß die »Metaphorik des Theaters« bei Barth nicht dazu dient, die Wirklichkeit der Sünde abzuschwächen, sondern dazu, die Wirklichkeit der Person großzumachen. In Barths dramatischer Denkform begegnet in der »Metaphorik des Theaters« die *Differenz von Person und Rolle*, die gerade den Menschen als Sünder kennzeichnet und – wie wir sogleich sehen werden – in Jesus Christus, der in der Identität von Person und Rolle begegnet, überwunden ist.

Zu einer solchen Differenz von Person und Rolle kommt es, wie wir gezeigt haben, beim Menschen als Sünder zum einen dadurch, daß er sich mit seiner Rolle übernimmt, indem er z.B. selber so überlegen sein will, wie das doch nur Gott selber sein kann, oder indem er – unter der Rollensucht des Nichtigen – sich und anderen etwas bloß vormacht und vorlügt. Er verfehlt so ständig seine Bestimmung als Partner Gottes und Zeuge seiner Herrlichkeit.

Andererseits aber besteht diese Differenz zwischen der Person und der Rolle des Sünders aufgrund der gnädigen Verfügung Gottes, der den Menschen diesen dem Nichtigen verfallenen und von Gott verworfenen Menschen eben nur darstellen, aber nicht sein läßt: »Sich als *vereinzelten* und also von Gott *verworfenen* Menschen zu benehmen und zu gebärden, ihn *darzustellen*, das mag ihm unter Beleidigung Gottes und zu seinem eigenen Verderben wohl gelingen. Jener Mensch zu *sein*, das steht ihm nicht zu, denn das hat Gott in Jesus Christus mit allen Konsequenzen sich selber zugedacht und also dem Menschen vorweggenommen.«[96]

95 *W. Sparn*, »Extra Internum«. Die christologische Revision der Prädestinationslehre in Karl Barths Erwählungslehre, in: Die Realisierung der Freiheit. Beiträge zur Kritik der Theologie Karl Barths, hg. von T. Rendtorff, Gütersloh 1975, 44–75, hier 68.

96 KD II,2, 348 (Sparns oben angegebene Äußerung bezog sich insbesondere auf diese Stelle). Vgl. Zur Differenz von Person und Rolle z.B. auch KD IV,1, 480, wo Barth sie mit einem Bild aus einem Schauspiel verdeutlicht.

6 Gott »setzt seine eigene Existenz als Gott aufs Spiel«
Der Weg des Sohnes Gottes in die Fremde und die Heimkehr des Menschensohnes

»Er setzt seine eigene Existenz als Gott aufs Spiel. ›Er kam in sein Eigentum, und die Seinen (eben die, die sein Eigentum sind) nahmen ihn nicht auf‹ (Joh 1,11). Er *tut* es – aber was kann und wird daraus werden, da die Welt im Verhältnis zu ihm irreparabel Finsternis ist? Was wird da aus Gott selbst werden?«[1]

6.1 Cur Deus homo: Warum kommt Gott ins Spiel?

Die Frage nach dem Motiv der Inkarnation wird hier von uns ja keineswegs erstmals berührt. Alle bisherigen Nachfragen nach Barths Verständnis des dramatischen Charakters der Christologie und nach der dramatischen Denkform in der Kirchlichen Dogmatik Karl Barths haben zu ihrer Beantwortung schon beigetragen. Was vom Eingang und Ausgang des Dramas, von seinem grundlegenden Plan, vom Schauplatz, vom Widerspiel und Gegenspieler zu sagen war, konnte – im Sinne Barths – ja nur von daher gesagt werden, daß Gott selbst auf den Plan getreten ist, das konnte ja nur »in der Aufgeschlossenheit gegenüber seiner Selbsterschließung«[2] in den Blick kommen und war insofern schon Antwort auf die hier gestellte Frage. Nach unseren bisherigen Beobachtungen wird sie bei Barth unter einem zweifachen Aspekt Beantwortung finden. Sie muß in Hinblick auf den grundlegenden Plan, in dem die Sendung des Sohnes in Ewigkeit beschlossen ist, und in Hinblick auf die Sünde als »das Urphänomen ... alles Sinn- und Planwidrigen«[3] angegangen werden. Die Inkarnation in ihrer unerbittlichen Konsequenz[4] wird unter »dem zweifachen Aspekt ihrer bundestheologischen Kontinuität zum Sein Gottes und ihrer hamartiologisch bedingten Kontingenz«[5] zu sehen sein.

1 KD IV,1, 76.
2 KD IV,3, 199.
3 KD IV,1, 48.
4 »Was Inkarnation bedeutet, wird offenbar in der Frage Jesu am Kreuz: ›Mein Gott, mein Gott, warum hast du mich verlassen?‹ (Mr. 15,34)« (KD IV,1, 202).
5 So hat *Krause*, a.a.O., 101ff den Teil seiner Untersuchung zum Motiv der Gottespassion bei Barth überschrieben.

Zum einen gilt: Wenn Jesus Christus auf den Plan tritt, dann ist das Gottes ureigene Aktion, die nicht erst als Reaktion auf die Aktion des Widerspiels und des Gegenspielers wirklich wird:

»Er hat keine Aktion eines Anderen nötig, um erst in der Reaktion dagegen – und keine Reaktion, um so in seiner Aktion zu sein, der er ist. Er muß sich nicht erst wie Hegels absoluter Geist in Thesis und Antithesis zur Synthesis entfalten.«[6]

Es ist ja Gottes freie Gande, die hier in Aktion tritt:

»Der wahre, der lebendige Gott ist gnädig, transzendiert sich selbst, schließt sich auf und teilt sich mit – zuerst in sich selber, dann und von daher auch dem Menschen in dessen ewiger Erwählung und in deren zeitlich-geschichtlicher Vollstreckung.«[7]

Zum anderen ist aber zu beachten:

»Allein zur Offenbarung der Güte der Schöpfung Gottes ... wäre die Fleischwerdung des Wortes Gottes offenbar nicht nötig gewesen. Wir verdanken ihr freilich auch diese Offenbarung... Aber hier stand zugleich mehr auf dem Spiel.«[8]

Gott selbst tritt in dem Gegensatz zwischen dem Nichtigen und seinem Geschöpf an die Stelle des Geschöpfs. Gott selbst setzt zur Erfüllung des gebrochenen Bundes einen »völlig *neuen* Anfang«[9], so nämlich,

»daß er sich die Sache seines Geschöpfes – gar nicht zum Schein, sondern in konkreter Wirklichkeit – zu eigen macht, so, daß er selbst wirklich an dessen Stelle tritt. *So also kommt Gott hier ins Spiel.*«[10]

Beide Aspekte gilt es zusammen zu sehen: nicht in bloßer Nebenordnung, sondern so, daß sie beide auf die Treue des in Liebe freien und in der Freiheit liebenden Gottes verweisen.[11] Indem er sich in der Menschwerdung seines Sohnes entspricht, widerspricht er der Sünde. Und indem er der Sünde widerspricht, entspricht er seinem Plan und Vorsatz, nach dem er sich zur Gemeinschaft mit dem Menschen und den Menschen zur Gemeinschaft mit sich bestimmt hatte.

6 KD IV,2, 57.
7 KD IV,3, 89. Vgl. KD IV,1, 49: »Nicht erst um jene Störung seines Willens aus dem Felde zu schlagen, nicht erst in dieser polemisch-ironischen Behauptung und Bereinigung seines Verhältnisses zum Menschen und damit zu der ganzen von ihm geschaffenen Welt gegenüber dem Auf- und Einbruch der menschlichen Sünde wollte Gott Mensch werden und ist er es tatsächlich geworden. Er wollte und wurde es vielmehr und vor allem positiv dazu, um der *Verheißung*: ›Ich will euer Gott sein!‹ und dem *Gebot*: ›Ihr sollt mein Volk sein!‹ inmitten der Menschheit ... *konkrete Realität, Wirksamkeit* zu geben.«
8 KD III,3, 344.
9 KD IV,1, 83.
10 KD III,3, 414 (Hervorhebung von mir); vgl. ebd.: »Aber so kommt hier wirklich *Gott* ins Spiel...« Vgl. auch KD IV,2, 450: »Er selbst findet sich in seinem Sein als Gott durch sie (sc. die Sünde; Verf.) angefochten und setzt nicht weniger als sein Sein als Gott aufs Spiel, um ihr zu begegnen.«
11 Vgl. KD IV,1, 204. Vgl. auch Abschnitt 2.4 dieser Untersuchung.

»Es ist die Versöhnung in Jesus Christus, indem sie in Bestreitung und Überwindung der menschlichen Sünde geschieht, zugleich und zuerst der große Akt der *Treue* Gottes gegen sich selbst und gerade damit gegen uns: seiner Treue in Ausführung des *Vorsatzes* und *Planes*, der bei ihm als dem Schöpfer aller Dinge und Herrn des ganzen Weltgeschehens von Anfang an feststand und den er *unter allen Umständen* zu seinem Ziel führen wollte.«[12]

6.2 Die Einheit von Person und Werk Jesu Christi als Interpretationsrahmen der Christologie

Soll es nun um die Christologie »im engeren Sinne« gehen, dann ist es sinnvoll, sich noch einmal Barths programmatische Äußerungen vor Augen zu führen, um deren Erhellung wir uns bemühen:

»Vom Sein, Handeln und Reden Jesu Christi kann man nur im Blick auf besondere Ereignisse reden: nur in Form von Erzählung einer Geschichte und je und je sich zutragender Geschichten. Christologie als Darstellung dieses seines Seins, Handelns und Tuns kann, soll es sich dabei um etwas Besseres als um eine dunkle Metaphysik handeln, in allen ihren Teilen und unter jedem denkbaren Aspekt nur die Entfaltung eines *Dramas* sein.«[13]

Barth hat damit unverkennbar eine Neuerung gegenüber der theologischen Tradition einbringen wollen. Nach unseren anfänglichen Überlegungen zum Ereignishaften der gottmenschlichen Wirklichkeit als Hinweis auf den dramatischen Charakter der Christologie könnte man diese Neuerung zunächst in der *»Transposition der statischen Sätze der alten Dogmatik in dynamische«*[14] sehen. Barth erreicht dies durch eine Ineinssetzung von Christologie und Versöhnungslehre, dadurch, daß er Person und Werk Jesu Christi in ihrer Einheit zu verstehen sucht:

»Jesus Christus ist also nicht, was er ist – wahrer Gott, wahrer Mensch, wahrer Gottmensch –, um dann als solcher auch noch etwas zu bedeuten, zu tun und auszurichten, was nun eben die Versöhnung wäre. Sondern in der von ihm vollbrachten Tat der Versöhnung des Menschen mit Gott besteht auch sein Sein als Gott, als Mensch, als Gottmensch.«[15]

Jesus Christus kommt so als »der sich selbst erniedrigende und so der versöhnende Gott« und als »der von Gott erhöhte und so versöhnte Mensch« und in der Einheit dieser Doppelbewegung als »der Bürge und Zeuge unserer Versöhnung« in Betracht.[16] Damit hat Barth bekanntlich[17]

12 KD IV,1, 50; Hervorhebung von mir.
13 KD IV,3, 154.
14 KD IV,2, 119; Hervorhebung von mir.
15 KD IV,1, 138f.
16 KD IV,1, 83 (Leitsatz § 58); der Ausdruck »Doppelbewegung« fällt KD IV,3, 5.
17 Sorgfältig bearbeitet hat die Aspekte des christologischen Ansatzes Karl Barths: *B. Klappert*, Die Auferweckung des Gekreuzigten. Der Ansatz der Christologie Karl Barths im Zusammenhang der Christologie der Gegenwart, Neukirchen-Vluyn [3]1981. Zur Architektur der Versöhnungslehre vgl. die Übersicht bei *E. Jüngel*, Einführung in Leben und Werk Karl Barths, in: *ders.*, Barth-Studien, 22–60, hier 55.

eine Zusammenschau der in der Tradition getrennten Lehrstücke von der Person, vom Werk, von den Ständen und den Ämtern Jesu Christi vorgenommen. In der Einheit von versöhnendem Gott und versöhntem Menschen ist Jesus Christus wahrer Gott und wahrer Mensch: im priesterlichen Amt der Erniedrigung des Gottessohnes, im königlichen Amt der Erhöhung des Menschensohnes und im prophetischen Amt des wahrhaften Zeugen. Mit diesem Ansatz wollte Barth der im Neuen Testament bezeugten Erscheinung Jesu Christi entsprechen[18] und der Gefahr einer Isolierung von Person und Werk (in Form einer Funktionalisierung und Soteriologisierung der Person zugunsten des Werks[19] oder einer Ontologisierung und Verselbständigung der Lehre von der Person und deren Trennung von der Lehre vom Werk[20]) wehren. Und er wollte so zum Ausdruck bringen, daß *Christologie* nur als Entfaltung eines Dramas, *nur als Beschreibung einer »echten Handlung«*[21] und Tat Gottes vollzogen werden kann:

»die *Tat* Gottes, in welcher Gottes Sohn mit dem Menschen Jesu von Nazareth identisch wird und also menschliches Wesen mit seinem göttlichen vereinigt und also das menschliche in die Gemeinschaft mit dem göttlichen erhebt – die *Tat* Gottes, in welcher er sich selbst erniedrigt, um den Menschen zu erhöhen.«[22]

6.3 Die Identität von Rolle und Person Jesu Christi

Kann von der Person Jesu Christi nur im Blick auf den Vollzug seines Werkes angemessen gesprochen werden, dann wird in der *»Rolle«* Jesu Christi das Geheimnis seiner *Person* aufscheinen. Von dieser Rolle her muß deutlich werden,

»daß Gott selbst handelnd auf den menschlichen Plan tritt, seine Sache mit dem Menschen, gegen und für ihn, die Sache des Bundes also, selbst in die Hand nimmt – und das so (das unterscheidet das Geschehen der Versöhnung von dem allgemeinen Walten der göttlichen Vorsehung und Weltregierung), daß er selbst Mensch wird.«[23]

Das setzt aber voraus, daß in der Inkarnation keine »Mummerei«[24], keine »Verkleidung und Maskerade«[25] Gottes begegnet, daß er sich uns »nicht

18 Vgl. KD IV,1, 139: »Existiert der Sohn Gottes im Johannesevangelium auch noch anders als im Tun des ihm von seinem Vater aufgetragenen Werkes? Der Jesus der Synoptiker noch anders als in seinen Reden, Gesprächen, Wundertaten und schließlich in seinem Gang ›hinauf nach Jerusalem‹? Der Christus des Paulus noch anders denn als der Gekreuzigte und Auferstandene? ...«
19 Vgl. KD IV,1, 136.
20 Vgl. ebd.
21 KD IV,2, 129.
22 KD IV,2, 118.
23 KD IV,1, 140.
24 KD IV,1, 202.
25 KD IV,1, 261.

bloß unter einer Maske zuwendet«[26]: »Er ging in die Fremde, er wurde aber auch in der Fremde und gerade in der Fremde kein sich selbst Fremder.«[27] Die das Auftreten Jesu Christi kennzeichnende *Gehorsamsexistenz*[28] wird kraft der Identität von Person und Rolle Jesu Christi ihren Seinsgrund im trinitarischen Geheimnis selbst haben müssen, während sie ihrerseits Erkenntnisgrund des trinitarischen Personengeheimnisses ist. Deshalb konnte sich Barth dazu entschließen,

> »den Schlüssel zu dem ganzen so schwierigen und belasteten Begriff von seiner ›göttlichen Natur‹ eben da zu suchen und zu finden, wo dieser scheinbar – aber eben nur für ein nicht an ihm selbst orientiertes Denken über diese Sache – unvollziehbar wird: eben darin, daß Jesus Christus *gehorsam* wurde bis zum Tode, dem Kreuzestode. Von hier und nur von hier aus wird dieser Begriff legitim vollziehbar.«[29]

Am Gehorsamsweg Jesu Christi scheint auf, daß es »eine im Wesen Gottes begründete Demut gibt«[30], daß der ewige Sohn bei seinem Weg in die Fremde eine Möglichkeit seiner göttlichen Natur realisiert[31], ja daß in der Inkarnation die innergöttliche Distanz von Vater und Sohn in die Distanz von Gott und Mensch übersetzt wird[32] und sie so »in wunderbar konsequenter letzter Fortsetzung eben der Geschichte, in der er Gott ist«[33], geschieht.

Exkurs: Zu Karl Barths Kritik an den Kenotikern des 19. Jahrhunderts

Hierin ist wohl auch der Grund zu suchen, warum Barth die Anschauungen der »modernen Kenotiker« meinte ablehnen zu müssen, die seiner Meinung nach einer unangemessenen Veränderung der Gottheit des Sohnes bei der Entäußerung das Wort geredet hätten.[34] Barth selbst meint, daß der »Charakter der Selbstentäußerung und Selbsterniedrigung Jesu Christi als ein Akt des *Gehorsams* Gott selbst nicht fremd«[35] ist, und be-

26 KD IV,2, 383.
27 KD IV,1, 196.
28 Das Neue Testament redet von Jesus Christus ja nicht wie von einem »seinen Willen behauptenden und durchsetzenden Herrenmenschen, sondern, was den Menschen Jesus als Sohn Gottes auszeichnet, ist nach seiner Darstellung vielmehr etwas dem Wesen Gottes scheinbar aufs Höchste Widersprechendes: daß dieser Mensch im Verhältnis zu Gott – und weil zu Gott, darum auch in seinem Verhältnis zur Welt – nur eben *gehorsam* sein will: gehorsam dem Willen des Vaters, der auf Erden zur Errettung der Menschen geschehen soll...« (KD IV,1, 179).
29 KD IV,1, 218.
30 KD IV,1, 211.
31 Vgl. KD IV,1, 212.
32 »Die *innergöttliche* Beziehung zwischen dem in Hoheit Regierenden und Gebietenden und dem in Demut Gehorsamen wird im Werk der Versöhnung der Welt mit Gott *identisch* mit der so ganz andersartigen Beziehung zwischen *Gott* und einem seiner Geschöpfe, einem *Menschen*« (KD IV,1, 222, vgl. KD IV,2, 383).
33 KD IV,1, 223.
34 Vgl. KD IV,1, 198f; IV,2, 92ff.
35 KD IV,1, 211.

gründet diese vom Gehorsamsweg Jesu Christi her gewonnene Sicht trinitarisch.

Aber wollte das nicht auch schon auf seine Weise *Gottfried Thomasius* zur Geltung bringen, als er meinte, daß die Gehorsamsexistenz Jesu Christi als »*eine* große That des Leidensgehorsams«[36] keineswegs etwas dem ewigen Gottessohn Fremdes sei? Denn, so fragte sich Thomasius: »Ist es nicht gerade die hypostatische Eigenthümlichkeit des Sohnes, als der zweiten Person der Gottheit, sich selbst als bedingt zu wollen und zu wissen, bedingt durch den Willen des Vaters, den er zum Inhalt seiner eigenen Selbstbestimmung hat und macht?«[37] So konnte doch auch Thomasius sagen, daß die irdische Gehorsamsexistenz des Gottessohnes nichts anderes sei als »die kreatürliche Darstellung seines absoluten Wesens und Verhältnisses zum Vater, somit die Versenkung in sie nicht Übergang in eine ihm inadäquate, sondern in eine verwandte Sphäre«.[38] Und auch die Begründung dieses Geschehens im ewigen trinitarischen Liebesratschluß, der zugleich Maß und Grenze der Kenosis ist, vermochte Thomasius nicht weniger kräftig als Barth herauszustreichen.[39]

Barths Abweisung der »modernen Kenotiker« trifft wohl nur, wenn man jene trinitarische Durchdringung der Christologie bei ihnen außer acht läßt und ihnen unterstellt, Gott möchte angesichts der kreatürlichen Eigenheiten des Geschöpfs gleichsam kapitulierend »auf seine Gottheit (wie etwa 1945 der Kaiser von Japan) verzichtet haben«.[40] Und weiß nicht auch Barth – die Realität der Inkarnation vom Kreuz her denkend – um einen Verzicht des Gottessohnes auf alle Verfügungsgewalt über seine göttliche Majestät und Herrlichkeit?

»Dahin hat er sich ja, an unsere Stelle getreten, das Gericht über seine Sünde erleidend, unsere Sache führend, begeben: in die Tiefe der völligen *Hilflosigkeit*, des gänzlichen

36 *G. Thomasius*, Christi Person und Werk. Darstellung der evangelisch-lutherischen Dogmatik vom Mittelpunkte der Christologie aus. Zweiter Teil: Die Person des Mittlers, Erlangen ^{2}1857, 236.

37 *Thomasius*, a.a.O., 203f. Vgl. KD IV,2, 45: »*Demut* an sich und als solche ist also dem Wesen des wahren Gottes nichts Fremdes, sondern ein ihm gerade in seiner Seinsweise als der Sohn höchst *Eigentümliches*.«

38 *Thomasius*, a.a.O., 204.

39 Vgl. z.B. *Thomasius*, a.a.O., 205.

40 KD IV,1, 271. Vgl. KD IV,2, 92, wo Barth noch einmal einschärft, daß die Inkarnation »Keine Veränderung, aber eine Bestimmung!« des göttlichen Wesens bringe, und im Blick auf kenotische Überlegungen meint: »Die Gottheit des wahren Gottes ist kein Gefängnis, dessen Mauern er erst durchbrechen müßte, um das zu wählen und zu tun, was er in seiner Menschwerdung gewählt und getan hat.« Aber das hat doch – zumindest – Thomasius gar nicht gemeint. Vielmehr sah er in der Gottheit des dreieinigen Gottes die Ermöglichung der Menschwerdung des Sohnes. Der trinitarische Liebesratschluß führt auch nach ihm zu einer konkreten Bestimmung des göttlichen Wesens und nicht zu einer Entfremdung Gottes von sich selbst (vgl. a.a.O., 205). Auch in seiner Polemik gegen die von Thomasius vorgenommene Unterscheidung von immanenten und relativen Gotteseigenschaften (KD IV,2, 94f) scheint Barth nicht auf Thomasius' Anliegen geachtet zu haben – wollte Thomasius doch, indem er Gott wesentlich von den immanenten Eigenschaften her gedacht wissen wollte, die Freiheit der Gnade Gottes zur Geltung bringen und verhindern, daß Gott primär von den relativen Eigenschaften – also via eminentiae, von der Welt aus! – gedacht wird (vgl. a.a.O., 242).

Nichtverfügenkönnens und Nichtverfügenwollens auch über die Hilfe Gottes...«[41] »Nein, nicht nur als Mensch, sondern gerade als Gottes Sohn ist Jesus Christus hier ganz Annehmender, Empfangender, Beschenkter...«[42]

Und ähnlich wie bei den Kenotikern deutet sich auch bei Barth an, daß die Vermittlung zwischen dem sendenden Vater und dem gesandten Sohn »im Majestätsakt des Heiligen Geistes«[43] zu suchen ist, in dessen Kraft der Sohn »selbst wie in den Tod gegangen, so auch vom Tod auferstanden ist«[44]:

»Wobei offenbar immer in dem dritten Moment des göttlichen Lebens, eben im Heiligen Geist, die Geschichte, der Übergang, die Vermittlung, die Kommunikation zwischen Vater und Sohn *als solche* Ereignis und sichtbar werden: als die Seinsweise Gottes, in der sich seine Einigung mit sich selbst als seine freie Tat, als Majestätsakt von dem zirkulären Ablauf eines Naturvorgangs unterscheidet.«[45]

6.4 Admirabile commercium: Der Rollentausch als Ziel des Auftretens Gottes auf dem menschlichen Plan

In der als Gehorsamsexistenz Jesu Christi gesichteten Rolle der Hauptfigur des Dramas ist nun zugleich auch das Ziel und der Sinn ihres Auftretens beschlossen.[46] Er liegt in dem, was die Theologie der Alten Kirche das »admirabile commercium«[47], Luther den »fröhlichen Wechsel«[48] genannt hat und von Barth als eine »vollkommene Umkehrung und Vertauschung der Rollen«[49], als ein *Rollenwechsel*[50] bezeichnet werden kann. In § 59,2 entwickelt er eine umfassende Lehre von der Stellvertretung. Der Leitgedanke des Abschnitts (»Der Richter als der an unserer Stelle Gerichtete«) wird nach einem »vierfachen ›Für uns‹«[51], nach vier Aspekten, die jener Rollentausch aufweist, entfaltet. Jesus Christus

»trat als der *Richter* an unsere Stelle. Er trat an unsere Stelle als *Gerichteter*. Er wurde *gerichtet* an unserer Stelle. Er hat an unserer Stelle das *Rechte* getan.«[52]

41 KD IV,1, 509.
42 KD IV,1, 335, vgl. 621.
43 KD IV,2, 47. Vgl. KD III,1, 60: »Eben im Heiligen Geist begegnen sich nun offenbar des Vaters Auftrag und der Gehorsam des Sohnes...« Vgl. dazu *Thomasius*, a.a.O., 234f.
44 KD IV,2, 361.
45 KD IV,2, 385. Mit dieser Abwehr einer naturhaften Vorstellung der Einigung von Vater und Sohn im Heiligen Geist ist sicher ein – gerade gegenüber den Kenotikern – wichtiger Gesichtspunkt eingebracht. Den pneumatologischen Aspekten der Christologie Karl Barths geht nach: *Th. Freyer*, Pneumatologie als Strukturprinzip der Dogmatik. Überlegungen im Anschluß an die Lehre von der »Geisttaufe« bei Karl Barth (PThSt 12), Paderborn 1982, 161ff.
46 Vgl. KD IV,1, 231.
47 Zu Barths Aufnahme von soteriologischen Vorstellungen der Alten Kirche vgl. ebd.
48 Zur Aufnahme von Luthers Anschauung vgl. KD IV,1, 261f.
49 KD IV,1, 248.
50 Vgl. KD IV,1, 262.
51 KD IV,1, 300.
52 Ebd.

Barth hat damit die *ganze* Erscheinung Jesu Christi, wie sie am Kreuz »aktuell und effektiv vollbracht und vollendet«[53] ist, in ihrer soteriologischen Bedeutung in den Blick nehmen wollen. Das zeigt sich schon daran, daß er die ganze Geschichte Jesu (also nicht nur die »Passionsgeschichte«), wie sie sich in den Evangelien darstellt, als Grundlage für diese Stellvertretungslehre nimmt.

Dennoch gibt es natürlich ein spezifisches Gefälle. Das zeigen bereits Barths Äußerungen in der Anthropologie der Schöpfungslehre – KD III,2, 729ff –, wo über des Menschen Tod als Zeichen des Gerichtes Gottes zu handeln ist und Barth einige Grundgedanken seiner Stellvertretungslehre vorwegnimmt.
Barth unterscheidet schon hier zwischen dem Auftreten Jesu als Richter im ersten Teil der evangelischen Geschichte und seinem Erleiden des Gerichts in der Passion. Im ersten Teil der evangelischen Geschichte setzt Jesus als der souveräne Richter, der Recht aufrichtet und schafft, in den Wunderheilungen Gegenzeichen gegen die Todesmacht. »In Jerusalem hat er keine Heilungen vollbracht – es war ja nur ein *Vorspiel* auf einem Vorfeld, was sich in jenen Heilungen in Galiläa und allenfalls auch auf dem Wege nach Jerusalem ereignet hat.«[54] Dort, in Jerusalem aber, wird der Richter zum Gerichteten. »Eben das, was damit geschieht, daß Jesus selbst stirbt, ist aber *der entscheidende*, in den Wundern doch erst präludierend angekündigte *Akt des ganzen Dramas*.«[55]

Auch in der Stellvertretungslehre in KD IV,1 unterscheidet Barth zwischen dem Auftreten Jesu im ersten Teil der evangelischen Erzählung und in der Passionsgeschichte. Im ersten Teil der evangelischen Erzählung, die die Augen für diesen ersten Aspekt der Stellvertretung öffnet, begegnet Jesus als der *Richter*, der *Gottes Willen* ungebrochen zur Geltung bringt. Damit entlarvt er das Wesen und den Ursprung der Sünde, die darin bestehen, »daß der Mensch sein eigener Richter sein will«.[56] In dieser »Entfremdung«[57] von seiner eigentlichen Bestimmung und Rolle spielt der Mensch das »pseudo-souveräne Geschöpf«[58], das sich die Richterrolle anmaßt. Das Auftreten Jesu Christi bringt nun authentisch zur Darstellung, was Richtersein heißt, es entfernt den Menschen »schlicht durch eine Handlung«[59] aus der angemaßten Richterrolle. Zur Ausübung des Richteramtes ist er an unsere Stelle getreten.
Aber wenn Jesus Christus an unsere – der Sünder – Stelle getreten ist, darf das keinesfalls als eine »Verkleidung und Maskerade«[60] verstanden werden. Er wird so selbst zum Objekt des Gerichts, er macht unsere Sünde zu der seinigen, tritt als *Gerichteter* an unsere Stelle:

»Man braucht sich, um das alles zu verifizieren, ... nur die evangelische *Leidensgeschichte*, nämlich die Rolle vor Augen zu halten, die Jesus in ihr spielt. Wir sagten schon: Das

53 KD IV,2, 157; Sperrung getilgt.
54 KD III,2, 730; Hervorhebung von mir.
55 Ebd; Hervorhebung von mir.
56 KD IV,1, 241.
57 Vgl. ebd.
58 KD IV,1, 254.
59 KD IV,1, 255.
60 KD IV,1, 261.

göttliche *Subjekt* des über die Menschen ergehenden Gerichtes, als das Jesus im ersten Teil der evangelischen Erzählung sichtbar ist, wird spätestens von der Gethsemane-Szene ab selber zum *Objekt* des Gerichtes. Kommt dieses Gericht überhaupt zum Vollzug – und das scheint es doch zu sein, was die Evangelisten im zweiten Teil ihrer Erzählung sagen wollen –, dann eben so, in dieser *Umkehrung*.«[61]
»Eine vollkommene Umkehrung und Vertauschung der Rollen also: Die zu Richtenden bekommen Raum, Freiheit und Macht zu *richten*, der Richter läßt sich richten: eben dazu ist er nach Jerusalem gekommen – als König in Jerusalem eingezogen! – und wird gerichtet.«[62]
»Die evangelischen Berichte lassen noch einiges erraten von dem großen, dem wirklich begründeten Staunen über die Unerhörtheit dieses Geschehens, dieses Übergangs und Rollenwechsels.«[63]

Hier tritt also der Richter selbst »in der Gestalt und Rolle eines solchen Menschen«[64], nämlich eines dem Gericht unterworfenen Menschen, an unsere Stelle. Dieser Handlung kann man »nur eben beiwohnen, sein Tun als ein in der Tat fremdes nur eben anschauen«[65]. Aber was man da zu sehen bekommt, kann man nicht als unbeteiligter Zuschauer eines fremden Werkes ansehen, gilt doch: *»tua res agitur«.*[66] Unser Sündersein gehört jetzt Gott und nicht mehr uns selbst.
Das bedeutet aber eine radikale Situationsveränderung für alle Menschen. In jenem Geschehen an einem »mit keinem anderen zu verwechselnden Punkt der Weltgeschichte und ihres Schauplatzes«[67] ist der Richter an unserer Stelle *gerichtet*. Hier geschieht die Versöhnung und Umkehr der Welt zu Gott hin. Hier hat Jesus Christus »mit uns als Sündern und damit mit der Sünde selbst in seiner Person Schluß gemacht«.[68] Stirbt doch in dem zum Gerichteten gemachten Richter der Sünder:

»So, nicht durch irgend eine Beseitigung seiner Sünden, sondern durch die des *Sünders selbst* ... wird da Ordnung geschaffen. Kann man das Bild vermeiden: nicht durch Darreichung einer Medizin und nicht durch eine Operation, sondern durch *Tötung* des Patienten wird da geholfen?«[69]

So also hat Jesus Christus das Genügende[70] getan zur Beseitigung der Sünde und zur Herstellung der Ordnung zwischen Schöpfer und Geschöpf. Er hat das *Rechte* getan, ist als der gerechte Mensch aufgetre-

61 KD IV,1, 262.
62 KD IV,1, 248; Hervorhebungen z.T. getilgt.
63 KD IV,1, 262.
64 KD IV,1, 264.
65 KD IV,1, 265.
66 Ebd., vgl. ebd.: »Er ist nicht so für uns, daß wir ihm bloß zuschauen, daß wir sein Werk für uns nur als Betrachter eines fremden, zu unseren Gunsten sich ereignenden, uns aber, weil es ja für uns geschieht, nicht berührenden Werkes geschehen lassen könnten – daß wir es uns also nicht eigentlich angehen lassen müßten.«
67 KD IV,1, 269. Vgl. KD IV,2, 288: »Wir befinden uns *in der Passionsgeschichte in seinem Raum und also wirklich nicht im allgemeinen Welttheater...*« (Hervorhebung von mir).
68 KD IV,1, 279; Sperrung getilgt.
69 KD IV,1, 326.
70 Vgl. KD IV,1, 280.

ten.[71] Er hat das Spiel des Sünders mit seiner angemaßten Richterrolle nicht mitgemacht, sondern war Gott als Richter und im Erleiden des Gerichts gehorsam.[72]

Mit diesem Aspekt der am Rollentausch orientierten Stellvertretungslehre Karl Barths deutet sich denn auch eine Schwierigkeit an: Hätte sie nicht stärker die im letzten Aspekt mit dem Blick auf den Gehorsam Jesu Christi eingeholte trinitarische Dimension beachten müssen? Hätte nicht Gott der Vater als der Richter im Blick bleiben müssen und Jesus Christus als der gehorsame, für den Vater und seinen Willen freie Mensch? Die Dimension des *königlichen Menschen* wäre so schon *in eins* mit dem *Gehorsam* des Sohnes Gottes zur Geltung gebracht worden. Und es wäre dann auch deutlicher geworden, daß Gott der Vater der harten Sendung Jesu Christi »nicht als unbeteiligter Zuschauer oder von fern her disponierender Dirigent gegenübersteht«.[73]

Wir können dieser Frage hier nicht weiter nachgehen.[74] Eine gewisse Vertiefung wird nun die dieses Kapitel abschließende Sichtung der Rechtfertigungslehre Karl Barths bringen. Muß doch darin noch einmal deutlich werden, was es um das Drama in Gottes Gericht ist.

6.5 Rechtfertigung: Das Drama in Gottes Gericht

Die Rechtfertigungslehre Karl Barths ist in einem zweifachen Sinn eine Lehre vom »Übergang«. Ist doch in ihr zu bedenken, wie es auf Grund des Einsatzes Jesu Christi kraft der *effektiven Gerechtsprechung* des Menschen durch Gott zu einem positiven Verkehr Gottes mit dem Menschen und zum Frieden des Menschen mit Gott kommen kann und wie dieser Übergang in der *anhebenden Gerechtmachung* im Leben des Menschen wirklich wird.[75]

> »Es geht in ihr um die Wende, die Wandlung, den *Übergang* der Existenz des gottlosen und also toten in die Existenz des für Gott, vor ihm, mit und für ihn lebenden Menschen.«[76]

71 Vgl. KD IV,1, 283.
72 Vgl. KD IV,1, 285.
73 KD IV,3, 478. Zu Barths Abweisung einer »Zuschauerrolle« für Gott den Vater vgl. noch: KD III,3, 129; KD IV,2, 875; KD IV,3, 458. Im dritten Teil der Versöhnungslehre, in dem das Kampfmotiv der Sendung Jesu Christi dominiert, tritt die trinitarische Dimension deutlicher hervor. Barth kann hier von dem Geheimnis der Dahingabe und Opferung Jesu Christi »durch Gott selbst und von Gottes Mitleiden als dem Geheimnis dieses Geheimnisses« (KD IV,3, 484) reden. »Mit seinem ewigen Sohn hat auch sein ewiger Vater ... das zu tragen, was diesen trifft...« (KD IV,3, 478).
74 Vgl. z.B. die wichtigen trinitätstheologischen Überlegungen bei *von Balthasar*, TD II,2, 172ff.
75 Zu diesem Doppelaspekt vgl. KD IV,1, 101f und 642.
76 KD IV,1, 580.

Wir können Barths Rechtfertigungslehre in unserem Zusammenhang nicht nachzeichnen. Wir können nur anklingen lassen, wie Barth das Rechtfertigungsgeschehen in seinem Zentrum als ein Drama verstanden wissen wollte.[77] Notwendig zu unserem Thema gehört dieser Blick auf die Rechtfertigungslehre aber, weil Barth in ihr bedenkt, wie Gott in Jesus Christus das »Recht seiner Gnade«[78] durchsetzt.
Gott ist gerade auch »in diesem Tun kein wunderlicher *Deus ex machina*«.[79] Wenn er das Unrecht vernichtet und das »verspielte«[80] und verlorene Recht des Menschen neu aufrichtet, dann gilt auch hier,

»daß eben dieses Ziel des Waltens der göttlichen Gerechtigkeit seinem *Anfang* entspricht und nicht widerspricht, daß es von Anfang an *diesem* Ziel entgegenstrebt.«[81]

Es ist ja Gottes gutes Geschöpf, der von Anfang an zum Bund mit Gott bestimmte Mensch, der »als Unrechttäter Gottes strengem, radikalem und definitivem Gericht verfallen ist«.[82] In Hinblick auf beide Aspekte wird die Durchsetzung der Gerechtigkeit Gottes zu bedenken sein: Gerecht wird Gott handeln, indem er den Sünder mit seiner Sünde dem strengen Zornesgericht preisgibt und indem er den Menschen als sein gutes Geschöpf, als den von Anfang an erwählten Bundespartner ins Recht setzt. So wird es im Vollzug der Gerechtigkeit Gottes zu einer wirklichen Krisis, zu einer »mitten durch des Menschen Existenz hindurchgehenden *Scheidung*«[83] kommen. Diese Krisis beschreibt Barth nun als eine *dramatische Gerichtsszene*, bei der es wohl keine Zuschauer, aber Höchstbeteiligte gibt. Da steht der Mensch vor dem gerechten Richter, und Gott tut »in seinem Nein wie in seinem Ja zum Menschen *ehrliche* und *ganze* Arbeit«.[84] Da setzt sich das Recht der Gnade in seinem *Werk zur Linken* durch, indem »Zorn, Verderben und Tod dem Menschen der Sünde«[85] widerfahren. Und da setzt sich das Recht der Gnade in Gottes *Werk zur Rechten* durch, indem »Verschonung und Erhaltung dem Menschen, der auch als Sünder Gottes Erwählter und Geschöpf ist«[86], zukommen.
Aber diese Scheidung ist weder in Hinblick auf den rechtfertigenden Gott noch in Hinblick auf den Menschen unter der Gerechtigkeit Gottes im Sinne eines »zuständlichen Dualismus«[87] zu denken. Es gibt kein stati-

77 Das ist bislang wohl kaum einmal vermerkt worden. In der einschlägigen Monographie von *H. Küng*, Rechtfertigung. Die Lehre Karl Barths und eine katholische Besinnung, Einsiedeln 1957 begegnen die entsprechenden Textpassagen, die es hier zu beachten gilt, nicht.
78 Vgl. KD IV,1, 599.
79 KD IV,1, 600.
80 Vgl. ebd.
81 Ebd.
82 KD IV,1, 603.
83 KD IV,1, 604.
84 KD IV,1, 605.
85 KD IV,1, 604.
86 Ebd.
87 KD IV,1, 605f.

sches Nebeneinander eines zürnenden und gnädigen Gottes[88] – und auch kein statisches Nebeneinander zweier Menschen in dieser Scheidung:

»Kein in sich zweigeteiltes Sein dort und hier ist die Wahrheit des menschlichen Lebens unter dem Walten von Gottes Gerechtigkeit und also dem Walten seiner Gnade, sondern – unmöglich zu betrachten, nur eben als leidender und handelnder Beteiligter zu leben – *das Drama des einen menschlichen Daseins selbst in seinem dynamischen Nacheinander und Ineinander*. Jener war ich und bin ich noch... Und dieser bin ich schon und werde ich sein...«[89]

In diesem Drama geht es streng um die Geschichte zwischen Gott und dem Menschen. Es ist nicht mit einer religiösen »Bilderschau«[90] zu verwechseln, bei der sich der Mensch gleichsam nach einer empirischen und nach einer idealen Seite ansehen könnte.

»Wir nannten diese Geschichte ein von keinem Zuschauer betrachtbares, sondern *nur von den an ihm Beteiligten zu lebendes Drama*. Es gibt aber offenbar – man sollte in dieser Sache den Mund ja nicht zu voll nehmen – kein menschliches Selbsterlebnis dieses Dramas. Daß da *unsere* Geschichte im Gang ist, daß wir also an diesem Drama allerdings gar sehr *beteiligt* sind, das muß ganz *anders* wahr und wirklich sein als in irgendeiner Tiefe unseres Selbst und als Wahrheit ganz anders zu erkennen als in der Anschauung irgendeines der uns in diesen Tiefen begegnenden Phänomene.«[91]

Nicht die menschliche Selbsterfahrung läßt das Drama der Scheidung in Gottes Werk zur Linken und seinem Werk zur Rechten erkennbar werden[92], wohl aber der Blick auf Jesus Christus:

»Anders als im Blick auf Ihn hätten wir unsere bisherigen Überlegungen überhaupt nicht anstellen können.«[93]

Es ist das Christus-Drama, ablesbar am Geschehen von Kreuz und Auferweckung Jesu Christi. Es ist das Drama, das in seinem Übergang vom

88 »*Gottes* Nein ist ja eben nicht ohne Gottes ihm folgendes *Ja*, ist also kein selbständiges Wort, sondern nur ein unentbehrliches Vorwort, nur die Absage, deren Sinn und Ziel seine *Zusage* ist« (KD IV,1, 662).
89 KD IV,1, 606f; Sperrungen getilgt, Hervorhebung von mir.
90 Vgl. KD IV,1, 608. Vgl. auch schon KD I,2, 399: »Die wirkliche Offenbarung kennt den Menschen nicht jenseits des Aktes der Gnade Gottes in einem teilweise schon erreichten Begnadetsein, sondern nur als Gegenstand gerade dieses Aktes, also nicht in irgendeinem Frieden oder auch nur Waffenstillstand zwischen Geist und Fleisch, in welchem er sozusagen psychologisch photographiert werden könnte, sondern nur mitten in diesem Streit, der in keiner Phase schon das Bild der gefallenen Entscheidung zeigt, der er entgegenführt.«
91 KD IV,1, 609; Hervorhebung von mir.
92 »Daß diese Geschichte meine Geschichte ist, ich der von Gottes Gerechtigkeit und Gnade so gewaltig Geschiedene, daß ich in diesem Übergang begriffen, ich der an diesem Drama beteiligte Mensch bin ..., das sehe ich nicht, das verstehe ich also auch nicht« (KD IV,1, 610; Sperrungen getilgt).
93 KD IV,1, 612.

Fluchtod zur Lebensherrlichkeit begegnet.[94] Im Blick auf den Kreuzestod und die Auferweckung Jesu Christi läßt sich sagen, daß Gott in des Menschen Rechtfertigung kein bloßes »Als ob«, sondern »Realitäten«[95] schafft, daß dem Menschen der Sünde in Gottes Scheidung wirklich Strafe und Tod zukommen, dem von Gott erwählten Menschen aber Leben und Zukunft. Die dem Menschen widerfahrende Rechtfertigung ist konkret im Christus-Drama geschehen, sie ist iustitia aliena. Sie kommt dem Menschen zu im Freispruch, der ihn als Sünder unter die Absage von seiner Vergangenheit und den Menschen als Gottes Bundespartner unter die Zusage, die Verheißung eines neuen Lebens stellt.[96] Im Glauben entspricht der Mensch dem und nimmt so teil an dem Drama in Gottes Gericht.

»Glauben heißt: daß der Mensch von des Glaubens Gegenstand und also von Jesus Christus her sein darf, weil er ja in Wirklichkeit in ihm, weil seine wahre Geschichte in ihm geschehen ist.«[97]

94 In der Rechtfertigungslehre bedenkt und interpretiert Barth so noch einmal, was schon in § 59 zu Kreuz und Auferweckung als Gericht und Rechtfertigung zu sagen war. Zum Charakter der Auferweckung als Rechtfertigung Jesu Christi vgl. KD IV,1, 339.
95 Vgl. KD IV,1, 605.
96 Vgl. KD IV,1, 660.
97 KD IV,1, 707.

7 Die »Verdichtung und Zunahme der Finsternis« in der »Zwischenzeit« und der Ausgang des Dramas: Die Rolle der Kirche und der Glaubenden und die Kampfgeschichte der Prophetie Jesu Christi

7.1 Warum geht das Drama weiter?

Im Weg des Sohnes Gottes in die Fremde und der Heimkehr des Menschensohnes ist Gottes grundlegender Plan wirklich geworden: Gottes Gemeinschaft mit dem Menschen und des Menschen Gemeinschaft mit Gott. Und es hat sich damit zugleich die Erfüllung des gebrochenen Bundes ereignet. Das Gericht ist vollzogen. Jesus ist Sieger. Könnte Gott nun nicht ruhen von seinen Werken? Könnte nun nicht der ewige Sabbat beginnen?[1] Warum geht das Drama weiter?
Weil Gottes Gnade keine »brutale Gnade«[2] und keine »übergestülpte Wohltat«[3] ist. Weil Gottes Allwirksamkeit nicht als seine Alleinwirksamkeit zur Geltung kommen will.[4] Weil

»es die Güte Gottes war und ist, in der er über die Kreatur auch zu seiner Ehre und auch zu ihrem eigenen Heil nicht hinweggehen, ihr im Zusammenhang seines Werkes Raum, Zeit und Gelegenheit zur Betätigung ihrer Freiheit lassen und geben wollte und will.«[5]

Die Wirklichkeit der Versöhnung soll nun ihre Bewahrheitung in der Welt finden[6]:

1 Vgl. KD IV,1, 821.
2 KD IV,1, 824.
3 KD IV,3, 384. Ein sorgfältigeres Wahrnehmen dieser Aussagen Barths würde auch mancher Barth-Kritik zu mehr Sachlichkeit verhelfen: *H.G. Pöhlmann* (Gottesdenker. Prägende evangelische und katholische Theologie der Gegenwart: 12 Porträts, Hamburg 1984) hat Barths Sicht des Handelns Gottes in Jesus Christus im Sinne einer »übergestülpten Wohltat« interpretiert: »Er (sc. Gott in seinem Gnadenhandeln; Verf.) begegnet uns also nicht von vorn, sondern wirft uns sozusagen von hinten ein Lasso über den Kopf.« (a.a.O., 47).
4 Vgl. KD IV,4, 25. Vgl. auch KD IV,4 (Nachlaß), 167: »Eben in seiner freien Gnade reinigt sich Gott von dem schnöden Verdacht, er möchte eine unveränderliche, unanrührbare, eine unbewegliche Gottheit – er möchte durch sein göttliches Wesen zur *Allein*wirksamkeit verurteilt sein. Und eben durch Gottes freie Gnade werden und sind diese Menschen nämlich *nicht etwa* zu von ihm bewegten *Marionetten* gemacht, *sondern zu handlungsfähigen und handlungswilligen Subjekten erhoben...*« (Hervorhebung von mir).
5 KD IV,3, 416.
6 Vgl. KD IV,3, 243.

»So groß ist seine Gnade, so weit geht seine Kondeszendenz, so ernst ist es ihm mit der Solidarität, in die er sich in seinem Sohn mit uns Menschen begeben hat. Er will nicht einfach ohne den Menschen, nicht über seinen Kopf weg sein Versöhner geworden sein und sein Erlöser werden. Er will keine Einsamkeit seines Sohnes, keine Blindheit und Taubheit, keine Unbeteiligtheit der anderen, für die er gestorben ist.«[7]

Ist es das Werk des Sohnes, als »Beute des göttlichen Erbarmens«, das von ihm angenommene menschliche Wesen in das »consortium divinitatis« zu erheben[8], so wird es nun das Werk des Heiligen Geistes sein, sich gleichsam als »verlängerter Arm«[9] Jesu Christi von Gott dem Vater und dem Sohn in die Welt senden zu lassen, um

> »mit der Beute, dem Gewinn unseres Glaubens, unserer Erkenntnis, unseres Gehorsams, zu ihm zurückzukehren: nicht um dann bei ihm zu bleiben, sondern um zu neuer Einbringung solcher Beute wieder und wieder zu uns hin auszugehen, um also zwischen ihm und uns Kommunikation zu begründen, eine Geschichte wechselseitigen Gebens und Nehmens zu eröffnen.«[10]

In dieser Geschichte wechselseitigen Glaubens und Gebens kommt nun der christlichen Gemeinde und den einzelnen Christen eine besondere Bedeutung zu. Deshalb ist hier zuerst ein Blick auf die Rolle der christlichen Gemeinde und die Rolle der einzelnen Christen im Bundesdrama geboten.

7.2 Der Chor der Zeugen: Die Rolle der christlichen Gemeinde und der einzelnen Christen im Bundesdrama

Nach den Einsichten, die wir im bisherigen Gang unserer Untersuchung gewonnen haben, kann es nicht überraschen, daß der christlichen Gemeinde und den einzelnen Christen in Karl Barths dramatischer Konzeption insbesondere die Rolle eines *Chores* zukommt, der – auf der Bühne wahrnehmend und respondierend beteiligt – das zentrale Geschehen *anerkennt*, *erkennt* und *bekennt*.[11] Im Rahmen der Schöpfungslehre war schon deutlich geworden, daß den Menschen keineswegs eine Zuschauerrolle zukommt, sondern daß sie zu Partnern im Bundesdrama bestimmt sind. Und der Blick auf die exemplarische Existenz der Engel hatte erstmals die Bedeutung der Chorrolle im Drama deutlich werden lassen. Die

7 KD IV,3, 824. Von hier aus (»keine Einsamkeit seines Sohnes«) müßte auch eine Kritik an Barths Rede von Jesus Christus als der »Autobasileia« (z.B. KD IV,2, 181.219 u.ö.) erfolgen.
8 Vgl. KD IV,2, 111.114.
9 Vgl. KD IV,2, 361.
10 KD IV,3, 486.
11 So beschreibt Barth ja die »Tat des Glaubens«: KD IV,1, 847ff. Die Wendung vom »*Chor der Zeugen*« begegnet in KD III,2, 579.

Rolle, die der Mensch als Christ zu spielen bekommt, ist also schon lange bereitgestellt. Dort, wo er vom Banne des Gegenspiels befreit und zur Umkehr erweckt wird, kann und soll er diese Rolle übernehmen und mit seiner Person ausfüllen:

»Und wenn der *Mensch*, indem er in Jesus Christus seine Bestimmung wiederempfängt in der Verheißung und im Glauben künftiger Offenbarung seiner ihm jetzt und hier schon gegebenen Teilnahme an Gottes Herrlichkeit, dann tritt er doch nur wie ein beschämter Spätling ein in den *Chor der himmlischen und irdischen Schöpfung*, dessen Jubel nie unterbrochen war, der immer nur darunter gelitten und geseufzt hat und noch leidet und seufzt, daß gerade diese seine lebendige Mitte, gerade der Mensch seine Stimme, seine Antwort, sein Echo auf die göttliche Herrlichkeit in unbegreiflicher Torheit und Undankbarkeit nicht gehört, vielmehr völlig verkehrt gehört und die Mitwirkung seiner eigenen Stimme dem ihn umgebenden Jubel versagt hat.«[12]

War schon der Bund der innere Grund der Schöpfung, so war es doch schon immer die Teilnahme an dem Chor der himmlischen und irdischen Schöpfung, die dem Menschen als Bundespartner zugedacht war. Solche Teilnahme am Chor der Zeugen war es, was in besonderer Weise »ante Christum natum Israel tun sollte, was post Christum natum zu tun die Sache der *christlichen Gemeinde* ist«.[13] In ihr wird die den Menschen entstellende und von seiner Bestimmung entfremdende Blindheit und Neutralität gegenüber Gottes Willen und Werk in *exemplarischer* Weise[14] überwunden:

»Der christlichen Gemeinde beitreten und angehören heißt: heraustreten aus der Blindheit und Neutralität dem Reiche Gottes gegenüber. Wer die Entscheidung dieses Beitrittes vollzieht, der bekundet, daß er des Reiches Gottes gewahr geworden ist, und zwar nicht

12 KD II,1, 731; Hervorhebung von mir.
13 KD III,4, 556; Sperrungen z.T. getilgt. Im Rahmen unseres Interpretationsversuchs, der auf Barths dramatische Denkform achtet, kann es so auch gelingen, die »problematischen Begriffe zu erklären, mit denen Barth die Betätigung der Berufenen beschreibt«. *F.-W. Marquardt* (Die Entdeckung des Judentums für die christliche Theologie. Israel im Denken Karl Barths [ACJD 1], München 1967), sah sich (ebd., 226) vor diese Aufgabe im Blick auf *Barths Israel-Sicht* gestellt. Marquardt spürte dabei wohl, daß diese »problematischen Begriffe« sich Barths dramatischer Denkform verdanken, blieb in seiner Interpretationsbemühung aber tastend: »Daß Israel in seiner Existenz als Volk berufen ist, das betätigt es nach Barth durch ein ›Darstellen‹, ›Sichtbarmachen‹, ›Spiegeln‹, ›Verkörpern‹, ›Personifizieren‹, ›kritisches Erinnern‹, durch Einnehmen einer ›Stellung‹ und Übernehmen einer ›Rolle‹ – das heißt: durch lauter Tätigkeiten und Verhaltensweisen, die auf einen außerhalb stehenden Betrachter und Zuschauer bezogen zu sein scheinen« (ebd., 226). »Offenbar hat Barth mit der Einschränkung seiner Aussagen auf das Visuelle, ja Theatralische – theatrum mundi, theatrum Dei? – wenigstens eine begriffliche Auslese, als kleinsten Schritt zu einer weiteren Präzisierung, angestrebt: Beschränkung eines begrenzten bildhaften Vorstellungsbereichs auf einen einzigen theologischen Gegenstand: den des ›Dienstes‹ Israels« (ebd., 228). Marquardts ausführliche Behandlung von Barths Gebrauch des Begriffes *»Darstellung«* – als einem wichtigen offenbarungstheologischen und ekklesiologischen Begriff, (ebd., 310ff) – kann durch die Beachtung der dramatischen Denkform Barths eine deutliche Präzisierung erhalten.
14 »Gott will die exemplarische Existenz eines *Volkes*, das im Namen der Welt, der dieses Ja gilt, darauf *antwortet*« (KD IV,2, 373).

als eines Schauspieles, dem er als Zuschauer beiwohnen könnte, sondern als einer Aktion, durch die er selbst auf die Bühne gerufen ist.«[15]

Solcher Zutritt zur Christusgemeinde ist für den betroffenen Menschen nie ein einsames Geschehen[16], gehört es doch zum Wesen des Chores, daß da schon immer Zeugen sind und andere hinzukommen:

»Er muß aus seiner Neutralität, aus seiner ihm vielleicht einen Moment lang noch als möglich erscheinenden Zuschauerstellung damit heraustreten, daß er sich mit diesen anderen zusammen auf die Bühne begibt...«[17]

Und dort, in den Reihen des Chores, wird der Christ in einer eigentümlichen Weise zum *Mitspieler* im Drama. Dem Wesen des Chores entsprechend begleitet er nun wahrnehmend, respondierend und bezeugend das zentrale Geschehen. Tritt er doch auf die Bühne

»nicht als Handelnder, denn dort handelt nur Einer, wohl aber *unweigerlich in die Reihen des Chores*, der das Tun des dort handelnden Einen verständnisvoll teilnehmend und darin von der ganzen übrigen Welt verschieden, im Angesicht der ganzen übrigen Welt, aber ihr zugewendet, begleitet.«[18]

So gehört es also zur Rolle des Christen, allen, die noch in einer Zuschauerhaltung verharren, das zentrale Geschehen zu erschließen und sie zu eigener Beteiligung aufzurufen. Freilich wird man nicht außer acht lassen dürfen, daß der Chor und die Christen im Angesicht der Welt, dem »sogenannten ›breiten Publikum‹«[19], keine glänzende, sondern eine bedrohte und schwache Rolle spielen. Man muß deshalb geradezu von einer »ontologische(n) Schwäche«[20] der christlichen Gemeinde in ihrer Chorrolle reden – und davon, daß der einzelne Christ in seiner Umgebung »immer ein seltsamer und bedrohter Vogel sein wird«[21]:

»Ein Christ ist immer ein ›einsamer Vogel auf dem Dache‹ (Ps 102,8), freilich ein, wie es aus dem weiteren Kontext des Psalms ersichtlich ist, letztlich und im Grunde vergnügter, aber eben doch ein einsamer Vogel, der dort kein altbekanntes, sondern ein ziemlich selt-

15 KD III,4, 562.
16 Auch schon die Erweckung zur Umkehr geschieht nicht ohne mitmenschlichen Beistand: »Und auch sein Mitmensch, ohne den er ja nicht Mensch wäre, wird dabei gewiß nicht abwesend, nicht nur als passiver Zuschauer im Spiel sein, sondern bei seiner Erweckung mittun: vielleicht als ein selber Erwachender, vielleicht auch anders« (KD IV,2, 629f).
17 KD III,4, 563.
18 KD III,4, 563; Hervorhebung von mir. Vgl. auch Barths Ausführungen zur Bekehrung und Berufung des Paulus: KD IV,3, 230ff. Barth schildert hier das »Damaskusgeschehen« als ein *Drama in zwei Akten* (vgl. besonders 237) und führt aus, daß Jesus auch im zweiten Akt, wo es um die Mitwirkung der Gemeinde und die Antwort des Paulus geht, das handelnde Subjekt bleibt: »Jesus bleibt, auch indem die Gemeinde ins Spiel tritt, das handelnde Subjekt des Geschehens, als das er in dessen erstem Akt allein auf dem Plan und sichtbar war.« (KD IV,3, 237).
19 KD IV,4 (Nachlaß), 329.
20 KD IV,1, 818.
21 KD IV,2, 690.

sames, nie und nirgends populäres Lied zu singen hat, in dessen Refrain schwerlich je größere Chöre einstimmen werden.«[22]

Vom Wesen und der Bedeutung der Chorrolle im Drama her erschließt sich nun vieles von dem, was Barth zum Leben der christlichen Gemeinde und der einzelnen Christen ausführt. Wie sehr Barths Betonung des kognitiven und homologischen Aspekts des Glaubens (»anerkennen, erkennen, bekennen«) der Chorrolle entspricht, ist bereits angeklungen. Barths Ausführungen zum kirchlichen Bekenntnis[23], das als Konfession die Rolle eines *»Chorführers«*[24] spielt, verdienten hier Beachtung – wie etwa auch seine Überlegungen zur Bedeutung des Amtes und der Amtsträger in der christlichen Gemeinde.[25] Wir müssen uns aber auf die Umrisse der Chorrolle beschränken: Die christliche Gemeinde und die einzelnen Christen dürfen und sollen ihre Chorrolle als Zeugen Jesu Christi wahrnehmen.[26] Darin liegt ihre Ehre und Auszeichnung, aber auch ihre Begrenzung und Entlastung. Der Christ soll nicht weniger, aber auch nicht mehr als Zeuge seines Herrn sein:

»Jedes Übersehen der ihm gesetzten Grenze, jeder Schritt und Griff über sie hinaus könnte nur von Übel sein, könnte ja nur bedeuten, *daß er aus der Rolle fiele*, das ihm zugewiesene Tun versäumen würde.«[27]

Das den Christen und der christlichen Gemeinde zugewiesene Tun darf im Sinne Barths aber nicht nur auf »Beifallskundgebungen« beschränkt werden. Auch wenn er immer wieder den Ausdruck »liturgische Assistenz« für die Bestimmung der Chorrolle benutzt[28], wird doch deutlich, daß sich solche »Assistenz« in der Nachfolge Jesu Christi im konkreten Tun der Liebe zeigt.

22 KD IV,4 (Nachlaß), 156.
23 »Man könnte darunter zunächst verstehen die Gesamtheit der Stimmen, die miteinander den Chor oder die Chöre der einen: der Väter und Brüder bilden, die als solche den anderen bezeugen, wie das Wort Gottes bisher und sonst in der Kirche gehört und aufgenommen wird« (KD I,2, 659).
24 Vgl. KD I,2, 728.730.
25 »Sie spielen ... der Gemeinde gegenüber keine selbständige Rolle, geschweige denn, daß sie ihre Herren wären« (KD IV,1, 802).
26 Daß dem einzelnen Christen dabei auch eine kritische Funktion gegenüber den übrigen »Choristen« zukommt, darf nicht verschwiegen werden: Es kann ihm u.U. geboten sein, »ohne sie und wohl auch im Gegensatz zu ihnen einen einsamen Weg anzutreten und also nicht im Chor, sondern nun doch – in der Hoffnung, daß der Chor dereinst einfallen möchte – gar sehr Solo zu singen« (KD III,4, 589). Dazu ist aber die Unterscheidung der Geister nötig: »Er muß auch in der Lage sein, sich in den Dramen, Tragödien und Komödien der Geschichte und Gegenwart der Gemeinde, ohne alle Augenblicke zu stolpern, einigermaßen zurechtzufinden« (KD IV,3, 998).
27 KD IV,3, 721; Hervorhebung von mir.
28 Vgl. KD I,2, 301: »Sie operieren nicht, sondern sie assistieren.« Vgl. KD III,3, 75: »Im Gnadenbund ist die Kreatur nicht Mittel, sondern nur Zeuge und Zeichen, gewissermaßen nur liturgischer Assistent des allein effektiv handelnden Gottes«; vgl. auch KD IV,3, 690.

»Der Ruf: ›Jesus ist Sieger‹ ... ist wahrlich nicht nur der Beifallsruf von Zuschauern. Die in seiner Nachfolge mit ihm Siegenden sagen das.«[29]

In der Tat der Liebe wird der Christ kein weiterer Christus, als welcher er in der Gefahr stehen würde, sich nur selber nach vorne zu spielen[30], wohl aber »im Namen und in der Schule Christi ein *Darsteller* dessen ..., was Er ihnen allen ist«.[31] So zeigt sich noch einmal, daß das Drama des Bundes in seinem Zentrum zwar das Christus-Drama ist, aber dennoch kein »Mono-Drama«, sondern Raum läßt (wohl auch für das Unwesen des Nichtigen, aber erst recht) für Darsteller und Mitspieler, die als Kinder und Partner Gottes wie als Berufene und Gesandte[32] an Gottes Kampf gegen das Nichtige teilnehmen. Gerade diesen Aspekt der Rolle des Menschen im Drama hat Barth im Hinblick auf die Kampfgeschichte der Prophetie Jesu Christi bedacht. Wir kehren damit am Ende unseres Interpretationsversuchs zu dessen Ausgangspunkt zurück, den wir ja bei Karl Barths Sichtung jener dramatischen Kampfgeschichte der Prophetie Jesu Christi genommen hatten.

7.3 Die Verdichtung und Zunahme der Finsternis in der Zwischenzeit und die Kampfgeschichte der Prophetie Jesu Christi

Der Eindruck eines »undramatischen« Charakters der Theologie Karl Barths wird nur entstehen können, wenn man es bei Barth als Prinzip ansieht, daß die ganze Geschichte vom »Ursprung in Gottes Willen und Dekret her wie ein Pfeil deren Ziel und Ende entgegenfliegt«.[33] Es besteht wohl ein dynamisch-teleologischer Zug (vgl. 3.2). Der Ruf: »Jesus ist Sieger!« gilt – aber:

»Wann und wo haben sich, offenbar in heftigster Abwehr dieser Stimme begriffen, die Gesellschaft, die Wirtschaft, die Staaten, ihre Regierungen und Parteien, die Klassen und Rassen ... in der Hervorbringung von immer neuen, immer raffinierteren, immer brillanteren Fiktionen so kräftig *in Szene gesetzt* wie in der Weltgeschichte *post Christum*?«[34]

Die Sünde ist entrechtet und entmachtet, sie ist in Jesus Christus überwunden, erledigt und abgetan. Aber sie hat »in diesem unseren Bereich noch einmal jenen Spielraum«, daß ihr »jene letzte Anstrengung und Ent-

29 KD IV,2, 948.
30 »Christusgemäß heißt nicht: ein Mensch, der ein zweiter Christus ist – diese Meinung bedeutet immer die Eigenmächtigkeit und Schwäche der bloßen imitatio« (KD I,2, 302).
31 KD IV,2, 935; Hervorhebung von mir.
32 »Der Sinn ihrer Existenz ist die nachträgliche und vorläufige *Darstellung* der in Jesus Christus ergangenen Berufung der ganzen Menschheit, aller Kreaturen in den Dienst Gottes« (KD IV,3, 908).
33 KD IV,2, 146.
34 KD IV,3, 521; Hervorhebung von mir.

faltung, ein Überhandnehmen gerade in der Gegenwart ihres Besiegers noch einmal gestattet ist.«[35]
Der einzelne Christ, dessen Leben »in der ganzen Enge seiner Grenzen der Schauplatz des ganzen Unheils- und Heilsgeschehens«[36] ist, erfährt diese Situation als Anfechtung und Bedrängnis. Er muß

»die Erfahrung von Hiob 21 machen, daß es den Gottlosen im ganzen erstaunlich gutzugehen scheint, daß sie genau das Ansehen genießen, den direkten und indirekten Einfluß haben, die Triumphe feiern dürfen, die, wenn alles mit rechten Dingen zuginge, den Gerechten zukommen müßten; nun muß er sich damit abfinden, mit all seinem guten Willen kaum etwas auszurichten, wenig oder keinen Erfolg zu haben, bei Seite und in den Winkel geschoben zu werden, *während die Dummköpfe und die Lumpen breitbeinig mitten auf der Bühne stehen und die großen Herren spielen dürfen.*«[37]

Das Nichtige in seiner Lügenexistenz darf jetzt noch einmal sein Unwesen treiben, so daß »in und mit der Lüge der wieder ins Blickfeld und *ins Spiel tritt*, der in Jesus Christus und also in Gottes ewiger Erwählung und geschichtlicher Tat erledigt, überwunden, getötet ist: der Mensch der Sünde«.[38] Die Zeit der zweiten Form der Parusie Jesu Christi[39] erhält deshalb noch einmal »den Charakter eines echten Kampfgeschehens«.[40]

Wenn Barth in KD IV,3 die Zeit der zweiten Form der Parusie Jesu Christi unter dem Aspekt der dramatischen Kampfgeschichte der Prophetie Jesu Christi schildert, dann hat das auch einen gewissen Anhalt an seinen grundsätzlichen Ausführungen über das Zeit- und Geschichtsverständnis in *§ 14* (KD I,2, 50–133), die in Hinblick auf die Frage nach der *Zeitstruktur des Dramas* von Bedeutung sind.
Zwar scheinen sich gerade die Überlegungen Barths in § 14 der KD gegen eine dramatische Sicht zu sperren. Zumal der Zeitabschnitt des Dramas, den Barth in KD IV,3 unter dem Aspekt der Kampfgeschichte der Prophetie Jesu Christi beschreibt, scheint in § 14 als die »Zeit der Erinnerung (KD I,2, 111–133) jedes dramatischen Charakters entkleidet zu sein: Die »Zeit der Erwartung« (KD I,2, 77–111) ist ja nun dahin. »Das Programm des Alten Testamentes ist durchgeführt.«[41] »Darum kann und muß jetzt die alttestamentliche Kampfgestalt ... zurückbleiben.«[42]
»Hat Christus den Kampf mit der alten Welt wirklich gekämpft und lebt der Mensch mit ihm im Glauben schon in der neuen, dann kann nur noch das seine Sache, sein Kampf sein, anzuerkennen und zu bestätigen, daß jener Kampf gekämpft *ist*.«[43]
Der Blick scheint nun erinnernd ganz auf die Zeit der Erfüllung mit dem Geheimnis der 40 Tage gerichtet zu sein.[44] Aber nun muß man sehen, daß Barth auch ia § 14 betont, daß die »Erfüllung der Zeit durch die Offenbarung ... nicht den Vollzug, sondern ... erst die

35 KD IV,3, 453. Vgl. KD IV,3, 291: »Gegen die Ersäufung des alten Adam nur eben dies, daß das Luder sich leider nur zu gut aufs Schwimmen versteht!«
36 KD IV,1, 845.
37 KD III,4, 775; Hervorhebung von mir.
38 KD IV,3, 534; Hervorhebung von mir.
39 Barth unterscheidet in KD IV,3 (340f) zwischen der ersten Form der Parusie Jesu Christi in der Auferweckung, ihrer zweiten im Kommen Jesu im Heiligen Geist und ihrer dritten Form in seiner letzten Wiederkunft.
40 KD IV,3, 453.
41 KD I,2, 118.
42 KD I,2, 117.
43 KD I,2, 124.
44 Vgl. KD I,2, 125ff.

Ankündigung, das unmittelbare Bevorstehen der Hinwegnahme unserer Zeit«[45] bedeutet. Denn die Christusoffenbarung ist »*noch nicht* die Erlösung, *noch nicht* das Hereinbrechen, sondern (Mk 1,15) erst das Naheherbeikommen des Reiches Gottes selbst«, Christus ist »*noch nicht* gekommen ›in der Herrlichkeit seines Vaters‹ (Mt 16,27)«.[46] Die Zeit der Erinnerung ist so zugleich eine Zeit neuer Erwartung – und eine Zeit zum Glauben und zur Buße:

»Der Gnade und Barmherzigkeit Gottes, die sich darin auswirkt, daß er für uns Zeit, u.zw. *seine* Zeit hat, entspricht die *Geduld Gottes*, mit der er uns Zeit, u.zw. *unsere* Zeit läßt, um zu dieser Herablassung Stellung zu nehmen: Zeit, zu glauben und Buße zu tun.«[47]

Daß diese »unsere Zeit« den dramatischen Charakter eines Kampfgeschehens bekommt, hat Barth dann in KD I,2 im Zusammenhang mit der *Rolle der Heiligen Schrift* im Drama beschrieben. In seinen in § 21,1 entfalteten Gedanken zur *Kampfgeschichte der Heiligen Schrift* begegnet denn auch ein Vorausblick auf die dramatische Kampfgeschichte der Prophetie Jesu Christi.

Die Schrift ist ja nicht toter Buchstabe, gleichsam das Grab Jesu Christi, sondern das »*lebendige Organ seiner Regierung*«.[48] Deshalb gibt es im Rahmen der Kampfgeschichte der Prophetie Jesu Christi auch eine Kampfgeschichte der Heiligen Schrift:

»Die Macht der Zeugnisse von diesem Sieg (sc. Jesu Christi; Verf.) und also auch von Gottes Offenbarung steht in der Auseinandersetzung und im Kampf mit der Macht der anderen Subjekte unseres Welt- und Existenzraumes, die ihnen jetzt und hier noch gelassen ist, wenn sie auch durch die Offenbarung bereits mit ihrer Aufhebung und Vernichtung bedroht ist.«[49]

Diese Mächtigkeit des biblischen Zeugnisses hängt damit zusammen, daß sie (wie Barth im Blick auf die Schrift als Wort Gottes – § 19,2 – sagt) »keine bloße *theoria*« bietet, »sondern was in ihr geschieht, das ist als Proklamation des göttlichen Gesetzes der Angriff auf unsere Existenz, der Akt, in welchem wir selbst zur Anerkennung der Priorität Gottes gezwungen werden«.[50] Die Schrift zwingt geradezu zur Unterscheidung der Priorität Gottes von allem Relativen, und zwar so, daß diese Unterscheidung »nicht etwa eine bloße *theoria*, ein uns gegenüber sich abspielendes Drama bleibt, sondern daß wir selbst sie mit unserem Leben, *in unserer Existenz vollziehen, daß ihre Dramatik wirklich unsere eigene Dramatik wird*«.[51]

Freilich hat Barth in KD IV,3 im Zusammenhang der Kampfgeschichte der Prophetie Jesu Christi den dramatischen Charakter dieser »unserer Zeit« weitaus stärker betont als in KD I,2. Hier ist davon die Rede, daß das in Jesus Christus ergangene »Ja« Gottes zur Gemeinschaft mit dem Menschen und des Menschen zu Gott auf ein sich steigerndes »Nein« trifft. Muß man doch sagen, daß die Sünde sich

»gerade in dieser der Vollendung der Ehre Gottes und des Heils des Menschen entgegengehenden Zeit nur um so obstinater und intensiver geltend macht, sich mit allen ihren Folgen in erhöhter Anstrengung und Merkbarkeit *in Szene setzt.* Unser Zeit- und Geschichtsbereich ist also nicht, wie man wohl träumen möchte, der Schauplatz einer Abnahme, sondern der einer Verdichtung und Zunahme der Finsternis.«[52]

45 KD I,2, 74.
46 KD I,2, 75.
47 Ebd.; Hervorhebung von mir. Daß die Zeit der Erinnerung zugleich Zeit neuer Erwartung ist, macht Barth in der Versöhnungslehre deutlich, indem er von dieser »unserer Zeit« als der »*Zwischenzeit*« (vgl. z.B. KD IV,1, 820f) spricht.
48 KD I,2, 766.
49 KD I,2, 758.
50 KD I,2, 552.
51 Ebd.; Hervorhebung von mir.
52 KD IV,3, 453; Hervorhebung von mir.

Die Fragen, die sich angesichts dieser Verdichtung und Zunahme der Finsternis einstellen[53], dürfen nach Barth nun aber *nicht* dazu führen, sich Jesus Christus und sein kämpferisches Eingreifen in das dramatische Geschehen nach der Art eines *»Deus ex machina«* zurechtzumachen.[54] Vielmehr gilt es, auch in diesem Zeitabschnitt des Dramas eine »besondere Gestalt der Größe der erbarmenden Liebe Gottes«[55] wahrzunehmen. Denn jetzt dürfen und sollen Menschen als »Zeitgenossen Jesu Christi«[56] an seinem Kampf gegen das Nichtige teilnehmen, ihrerseits – »nicht als Zuschauer, sondern aktiv«[57] – teilhaben am Werk des wahrhaftigen Zeugen:

> »Das Böse bekommt dazu noch einmal solchen gefährlichen Auslauf, damit die Ehre, die Gott mit dem, was er in Jesus Christus getan, eingelegt hat, in der von daher ihrem Ziel und Ende entgegeneilenden Zeit und Geschichte in dem von demselben Sieger von Gethsemane und Golgatha persönlich geführten Streit noch größer, gerade so ganz groß werde. Und nicht nur die Ehre Gottes, sondern, mit ihr unzertrennlich verbunden, auch das Heil des Menschen: damit nämlich die Menschheit – jedenfalls in einer Vielfalt ihrer Angehörigen – jene Gelegenheit habe, unter der Führung dieses Siegers als Hörer und Täter seines Wortes ihrerseits an diesem Streit, an seinem prophetischen Werk und also nachträglich an der Gottestat der Versöhnung eigenen tätigen Anteil zu nehmen.«[58]

Damit die Ehre Gottes und das Heil des Menschen »noch größer« werden, wird so in der Zwischenzeit gleichsam die (ur-)dramatische Situation des »Zwischenzustandes« Jesu Christi, die Situation des »triduum mortis« auf die Bühne gebracht und »aus-gespielt«.[59] Das wird zum einen deutlich an der christlichen Gemeinde. Hat doch ihre Zeit »eine Ähnlichkeit mit den drei Tagen, die im neutestamentlichen Bericht und Zeugnis jene rätselhafte Spanne zwischen den beiden großen Taten Gottes durch und in Jesus Christus bilden«[60]. »Denkt man, wenn man ihre Situation erwägt, nicht unwillkürlich an die Nacht und den Tag und die andere Nacht seines Begrabenseins?«[61] Und auch Jesus Christus selbst ist dieser dramatischen Situation nicht enthoben:

53 »Wo ist denn die Veränderung der menschlichen Situation, der Frieden und die Freude des zu Gott hin umgekehrten Menschen? Wo sind denn die abgewischten Tränen, der nicht mehr seiende Tod, das behobene Leid, der gestillte Jammer, der geheilte Schmerz, um von dem Verstummen des Seufzens der außermenschlichen Kreatur nicht zu reden?« (KD IV,1, 359; vgl. KD IV,3, 369)

54 Vgl. KD IV,1, 360. Barth schärft in der KD – auffällig – häufig ein, daß Gottes Handeln nicht in der Weise eines »Deus ex machina« gesehen werden darf. Das »Willkürhandeln eines *Deus ex machina*« (KD IV,1, 186) würde der Bundesgeschichte gerade ihren dramatischen Charakter nehmen. Zur Abweisung einer »Deus-ex-machina«-Rolle für Gott vgl. KD IV,1, 186.188.360; KD IV,2, 356; KD IV,3, 10.492.809.816.1081; »Deus-ex-machina«-Belege in anderen Zusammenhängen: KD II,1, 279; KD III,2, 587.

55 KD IV,3, 417.

56 Vgl. KD IV,3, 419ff.

57 KD IV,3, 383.

58 KD IV,3, 454.

59 In der Situation des »triduum mortis« wäre ja das – von keinem Zuschauer betrachtbare – Drama in Gottes Gericht zu orten (vgl. 6.5).

60 KD IV,1, 357.

61 KD IV,1, 825.

»Noch ist also Jesus Christus, der gegenwärtigen Welt als der Stätte seines prophetischen Werkes entsprechend, der Leidende nicht nur, sondern wie in Gethsemane, wie auf Golgatha der von Gott Betrübte und Angefochtene und so, nur so, der wahrhaftige Zeuge.«[62]

7.4 Der Ausgang des Dramas

Der Ausgang des Dramas heißt: »Jesus ist Sieger!« Das darf und muß im Blick auf den gekreuzigten und auferstandenen Jesus Christus geglaubt und bekannt werden. Die Geschichte der Prophetie Jesu Christi ist aber noch im Gange: »Ihr Ausgang und Ende kann darum noch nicht erzählt werden, weil sie noch nicht abgeschlossen, weil der Kampf noch im Gange ist.«[63] Als Offenbarer seines Werkes ist Jesus Christus selbst noch nicht am Ziel, in seiner Gestalt als Offenbarung behält seine Geschichte – auch als die unsere eigene übergreifende und einbegreifende Geschichte – den spezifischen Charakter eines Dramas.[64]

Mit einem guten Ausgang für alle darf man »gewiß *nicht* rechnen«.[65] Aber es ist dem Christen geboten,

»in aller Zurückhaltung, aber auch in aller Bestimmtheit darauf zu hoffen und darum zu beten, daß allem, was für das Gegenteil sprechen und definitiv sprechen könnte, zum Trotz ›die Guttaten des Herrn noch nicht aus sein möchten‹, daß er, entsprechend dem, daß ›sein Erbarmen jeden Morgen neu ist‹, ›nicht auf ewig verstoßen‹ werde (Klagel. 3,22f., 31).«[66]

62 KD IV,3, 455; vgl. KD IV,3, 727.729.
63 KD IV,3, 301.
64 Vgl. KD IV,3, 377.
65 KD IV,3, 550.
66 KD IV,3, 550f; vgl. zur Eschatologie auch S. 102, Anm. 14 dieser Arbeit.

8 Das Drama des Bundes: Abschließende Überlegungen zur Eigenart und Bedeutung der dramatischen Denkform in Karl Barths Kirchlicher Dogmatik

Unsere Paraphrase und Interpretation wesentlicher Gedankengänge und zentraler Teile der Kirchlichen Dogmatik Karl Barths läßt es als begründet erscheinen, von einer diese Dogmatik prägenden *dramatischen Denkform* zu sprechen. Der vorgelegte Interpretationsversuch eröffnet die Möglichkeit eines neuen Lesens der Kirchlichen Dogmatik unter dem Aspekt des dramatischen Modells und in Verfolg der dramatischen Denkform.

Wir waren ja eingangs – unter Aufnahme einer einschlägigen Bestimmung Barths selbst – davon ausgegangen, daß unter »Denkform« in der Dogmatik der durch den zu verhandelnden Gegenstand bestimmte Charakter und Stil, eine den einzelnen Äußerungen zugrundeliegende Struktur zu verstehen sei. Und wir haben deutlich werden lassen, daß in Karl Barths Kirchlicher Dogmatik keineswegs nur eine zufällige Aufnahme des Theatergleichnisses oder flüchtige Anleihen bei Sprachspielen, die dem dramatischen Modell angehören, begegnen. Vielmehr nötigt ihn die von der Erscheinung Jesu Christi her erschlossene[1] und in der Erscheinung Jesu Christi zentrierte Geschichte Gottes mit Mensch und Welt – wir haben sie im Titel der Arbeit das »Drama des Bundes« genannt – zu seiner dramatischen Sicht und Beschreibung. Das »Drama« als Denkmodell und Gleichnis wird bei Barth von daher zu einer »Analogie des Advent«[2], als welche es besonders aufschließend und erhellend zu sein vermag.

In diesem Sinne haben wir Barths programmatische Äußerung, daß Christologie »in allen ihren Teilen und unter jedem denkbaren Aspekt« nur die Entfaltung eines Dramas sein kann, in dieser Arbeit deuten und inter-

1 Barth hat dieses Vorgehen auch in einem Brief an R. Bultmann (vom 24.12.1952) eindrücklich beschrieben: »Auf die Gefahr weiteren Kopfschüttelns und Unwillens hin will ich es immerhin wagen, Ihnen nur das Eine zuzuflüstern, daß ... mich im NT immer mehr eigentlich gerade nur die *Zentralfigur* als solche – oder eben alles und jedes nur im Lichte und Zeichen dieser Zentralfigur zu beschäftigen begann. Man kann, man sollte nach meiner Meinung die ganze Theologie gewissermaßen von ihr aus rückwärts lesen: bis hin zur Anthropologie, zur Ethik und dann auch zu den Methodenfragen« (Karl Barth – Rudolf Bultmann, Briefwechsel 1922–1966, hg. von B. Jaspert [Karl-Barth-Gesamtausgabe V,1], Berlin 1973, 199f; Hervorhebung von mir).

2 Vgl. *Jüngel*, Gott als Geheimnis der Welt, 389f.

pretieren können. Neben diesem Hauptergebnis unserer Untersuchung haben sich im Laufe des Interpretationsversuchs zahlreiche Einsichten eingestellt, die – je an ihrem Ort bereits vermerkt – im Kontext der Barth-Forschung relevant und für die Interpretation der Kirchlichen Dogmatik förderlich sein dürften. Sie sollen und müssen hier nicht noch einmal aufgelistet werden. Vielmehr gilt es, das Hauptergebnis dieser Arbeit aufzunehmen und in abschließenden – mehr thetischen – Überlegungen über die Eigenart und Bedeutung der dramatischen Denkform in Karl Barths Kirchlicher Dogmatik zu handeln.

8.1 Die Geradlinigkeit der Geschichte Jesu Christi und das Bundesdrama

Zu den Ausgangsbeobachtungen unserer Untersuchung gehörte der in der Barth-Kritik immer wieder vorgebrachte Einwand, Barths Theologie wäre eigentümlich »undramatisch«. Insbesondere der Ausgang von der Erwählungslehre hat den – auch von einzelnen Äußerungen Barths selbst her nahegelegten – Eindruck hervorgerufen, hier laufe alles mit der Präzision eines Uhrwerkes ab.[3] Man könnte diesen Zug des Barthschen Denkens mit einer Wendung charakterisieren, die er selbst im Blick auf den Weg Jesu Christi ans Kreuz geprägt hat, der eine »gar nicht dramatische *Geradlinigkeit*«[4] der Geschichte Jesu zeigt. *Diese* Geradlinigkeit[5] schließt nun aber – wie wir gesehen haben – bei Barth keineswegs Dramatik aus.

Das wird auch in dem unmittelbaren Kontext, in den die Wendung von der »gar nicht dramatischen *Geradlinigkeit*« der Geschichte Jesu eingebettet ist, deutlich: Wenn die Evangelien eine solche Geradlinigkeit des Weges Jesu ans Kreuz zeigen, dann tritt damit hervor, daß die zentrale Handlung nicht den »Charakter einer tragischen Verwicklung«[6] hat. Hier kommt weder ein »leidiger schicksalsmäßiger Zwang« noch ein »zufälliges Unglück«[7], sondern die das Drama prägende Spannung von »*göttlicher Verordnung*« und »*menschlicher Selbstbestimmung*«[8] zum Austrag. Erst dadurch, daß beide Aspekte im Spiel sind, kann es ein *Drama* zwischen Gott und Mensch geben.[9] Und erst dadurch, daß beide Aspekte in

3 Vgl. KD IV,2, 290: »Und so ist es nur sachgemäß, wenn man in den Evangelien alles gerade von dieser Seite – man möchte fast sagen: mit der Präzision eines Uhrwerkes ablaufen sieht.« Zur Zurückweisung des Bildes vom »Uhrwerk« in Barths Auseinandersetzung mit Berkouwer vgl. KD IV,3, 199 (zitiert oben S. 16).
4 KD IV,2, 278.
5 Sie ist ja kein »abstraktes Prinzip«, sondern der Grundzug der zentralen Handlung!
6 KD IV,2, 278.
7 KD IV,2, 287.
8 Vgl. ebd.
9 Zur dramatischen Spannung von »Verfügen« und »Verfügtwerden« vgl. S. 35 dieser Untersuchung.

der »zugleich ganz freien und ganz von Gott verfügten«[10] Existenz Jesu zur Einheit kommen, ist dafür gesorgt, daß es auf der Bühne der Welt wirklich »Drama« – und nicht ein »absurdes Theater« gibt.
Daß die das Drama somit tragende Einheit von göttlicher Verordnung und menschlicher Selbstbestimmung auch für den Protagonisten keineswegs ein »leichtes Spiel« ist, schärft Barth deutlich ein:

»Daß sein Tod ein Problem höchster und schwerster Ordnung – ja irgendwie das Problem aller Probleme seiner Existenz, seines Verhältnisses zu Gott und seines Lebenswerks, daß die Finsternis dieses Ausgangs *reale, letzte, eigentliche*, auch von ihm selbst durchaus nicht einfach durchschaute und wie ein Tunnel durchlaufene Finsternis war, das haben also die Evangelien nicht verschwiegen, sondern gesagt.«[11]

Deshalb wäre es wohl – gegen Barths Formulierung, aber in seinem Sinne – angemessen, in Hinblick auf die Geschichte Jesu Christi von einer *»dramatischen Geradlinigkeit«* zu sprechen.

Die Geradlinigkeit der Geschichte Jesu Christi macht »Drama« also nicht unmöglich, vielmehr eröffnet sie im Sinne Barths einen *Rahmen* und *Sinnhorizont*, in dem »Drama« allererst möglich wird.[12] Sie bürgt dafür, daß das Geschehen zwischen Gott und Mensch kein »unnütz grausam veranstaltetes und unnütz grausam zu erleidendes Spiel«[13] ist. So wird man im Blick auf Barths dramatische Konzeption seinen Ausgang von der Erwählungslehre verstehen dürfen und müssen. Und so gehört die christologische Konzentration und damit die Konzentration und die Geradlinigkeit der von der Zentralfigur her erschlossenen Geschichte Gottes mit Mensch und Welt notwendig dazu, wenn in der christlichen Theologie diese Geschichte als »Drama« wahrgenommen und bedacht wird.

10 KD IV,2, 288.
11 KD IV,2, 278.
12 Darauf, daß zum Drama wesentlich ein Rahmen und Sinnhorizont gehört, hat *von Balthasar*, TD I, 64ff verwiesen. Muß man doch fragen, ob der »Tod des Dramas« in der Gegenwart nicht gerade durch den Verlust eines Rahmens und Sinnhorizonts hervorgerufen wird: »*Dagegen* ist, allen Einwänden zum Trotz, aber auch durch die Fakten bestätigt, festzuhalten: Im letzten sinnvoll wird dramatische Handlung nur auf dem Hintergrund einer Vorgabe absoluten Sinnes, der als solcher freilich ... nicht mehr rational umschrieben und begrifflich vorgezeigt werden kann. Christlich wird ein solcher absoluter Sinn nur im Wagnis des Glaubens erfaßt, weshalb manche als Ausweg aus der Absurdität (und damit aus der Selbstpreisgabe des Theaters) das christlich inspirierte Drama sehen« (TD I, 68).
13 KD II,1, 468. Barth führt hier im Blick auf die in der Geschichte Jesu Christi und im Bundesdrama deutlich werdende Geduld Gottes aus: »Wie merkwürdig, daß es nach ihrer (sc. der Bibel; Verf.) Darstellung nun doch zu jenem ganzen langen Spiel von Geduld und Ungeduld, Milde und Härte Gottes, Buße und neuem Abfall des Menschen überhaupt kommen kann? Wäre dies dann nicht ein schließlich für beide Teile auch wieder unwürdiges, ein unnütz grausam veranstaltetes und unnütz grausam zu erleidendes Spiel? Möchte man dann nicht schon angesichts des Alten Testamentes fragen: ob hier nicht Katze und Maus gespielt werde, ein Spiel, das sich der Mensch schließlich einmal – in bösem, verzweifeltem, prometheischem Trotz, aber zwischen zwei Übeln das geringere wählend – auch verbitten, dem er sich auch entziehen wollen dürfte? Ein Spiel, demgegenüber – möge es denn mit uns gespielt werden! – uns wenigstens die Augen zu verhüllen endlich und zuletzt der Weisheit bester Teil sein dürfte?«

Barth hat ja die Geradlinigkeit der Geschichte Jesu Christi immer schon in eins mit ihrer Öffnung zum Bundesdrama (und von ihrer Öffnung im Bundesdrama her) bedacht: Die Erwählungslehre fixiert keinen »Monolog im Himmel«, sondern verweist als Zusammenfassung und Summe des Evangeliums auf den Rahmen und Sinnhorizont des Dramas: ein decretum internum *ad extra*. Die Versöhnungslehre stellt nicht vor eine »stumme« und »einseitige« Aktion Gottes, sie propagiert keine »übergestülpte Wohltat«, sondern bezieht ein in eine »*sprechende* Tatsache«, die auf lebendigen »Verkehr« von Schöpfer und Geschöpf aus ist.
Freilich tritt dabei die dramatische Denkform Barths dort besonders deutlich hervor, wo in der Dogmatik die Öffnung der Geschichte Jesu Christi zum Bundesdrama hin als *Vollzug* und *Handlung* zu bedenken und zu beschreiben ist: in der Schöpfungslehre (mit Vorsehungslehre und Ethik) und in der Versöhnungslehre.[14]
Von Barths dramatischer Sicht und Beschreibung eben der zentralen *Handlung* her müßte auch weitergedacht werden, wo seine Intention in der Theologie aufgenommen und weitergeführt wird: Vom zentralen Christus-Drama her wird ja die spezifische »Fallhöhe«[15] des zum Bundespartner bestimmten Menschen deutlich. Und von ihm aus kann auch die Bedeutung differenzierter Rollen im Drama, die Barth immer wieder in seinen Schilderungen von exemplarischen und repräsentativen Gestalten der biblischen Geschichte ins Auge gefaßt hat[16], stärker be-

14 Daß es auch in der Eschatologie noch einmal »Dramatik« gibt – und im Sinne Barths geben würde –, zeigt seine Beschreibung des »Dramas in Gottes Gericht« (vgl. 6.5). Gottes am Ende stehendes »Ja« zu seinem guten Geschöpf und seiner guten Schöpfung und sein am Ende stehendes »Nein« zur Sünde und zum Nichtigen wird sich auch bei der Wiederkunft Jesu Christi zum Gericht (vgl. KD IV,3, 1058) und der Erscheinung seiner Herrlichkeit als »Drama« vollziehen. Die Erwartung dieses Geschehens ist aber eine »geradlinig *positive* Erwartung« (vgl. KD IV,3, 1049). Denn am Ende eines jeden Menschenlebens (»das einem jeden bevorstehende Ende *kann* zwar mit seinem Sterben, es könnte aber auch unmittelbar damit kommen, daß Jesus Christus kommt« [KD IV,3, 1062]) und in der dritten Form der Parusie Jesu Christi steht: *»Derselbe ganz anders«* (KD IV,4, [Nachlaß], 441). Dann wird es mit der »in unerbittlicher Schärfe durchgreifende(n) Gnade« (KD IV,3, 1059) nicht nur »Selbstverherrlichung Gottes« (vgl. KD II,1, 754ff), sondern auch Verherrlichung des Geschöpfs (vgl. KD IV,3, 1065) geben, in der dessen abgeschlossene Existenz »zum Leuchten kommen, ihr eigenes Licht haben und behalten« (ebd.) wird.

15 Vgl. zum Begriff: *von Balthasar*, TD I, 71. H.-U. von Balthasar nimmt den Begriff von *A. Schopenhauer*, Die Welt als Wille und Vorstellung. Werke II, München 1911, 482–199 (Zur Ästhetik der Dichtkunst) auf. Schopenhauer fragt hier (498), warum auch im modernen Drama zumeist königliche Menschen als Rollenträger begegnen, und antwortet: »Den bürgerlichen Personen fehlt es ... an Fallhöhe.«

16 Vgl. z.B. zur Rolle des Pilatus: *K. Barth*, Christus und Adam nach Röm. 5. Ein Beitrag zur Frage nach dem Menschen und der Menschheit (ThSt [B] 35), Zürich 1952. Die Rolle des Pilatus ist bezogen auf das im Alten Testament bezeugte »Vorspiel«: »Das tausendjährige Vorspiel der israelitischen Schande war doch eben, weil es zugleich die Geschichte jener unermüdlichen Treue Gottes war, zugleich das Vorspiel der Aktion, in der Gott die israelitische, d.h. die heimlich und im Grunde allgemeine menschliche Schande auf sich selber nehmen und so beseitigen, so sich selbst und den Menschen zu Ehren bringen sollte« (ebd., 43). Damit aber nach Röm 5,20 die Sünde größer und so die Gnade noch überschwenglicher werde, »mußte der Mensch offenbar aktiv eingreifen und mitwirken« (ebd., 44). Hier nun tritt Pilatus ins Spiel: »Der erste Heide, der mit dem Sohn Gottes zu tun bekommt, heißt Pilatus. Er spricht das Urteil, durch das jener zum Sünder

tont werden, als das in weiten Teilen der dramatischen Konzeption Karl Barths geschieht.

8.2 Die dramatische Denkform als Entgegensetzung zur Fiktion eines menschlichen Selbstgesprächs

Zum Drama des Bundes gehört im Sinne Barths mit der eben noch einmal hervorgetretenen Spannung von göttlicher Verordnung und menschlicher Selbstbestimmung auch die Endlichkeit und Einmaligkeit einer konkreten Geschichte, das Aufgerufensein des Menschen zur Bewährung geschöpflicher Freiheit in einzelnen Akten der Entscheidung und der Lebensentscheidung selbst sowie das Verwiesensein auf eine schenkende, gebietende, begleitende, regierende und richtende Instanz (vgl. S. 46). Das unterscheidet die dieses Drama wahrnehmende dramatische Denkform von allen Denkformen und Modellen, die nur ein menschliches Selbstgespräch fixieren (können). Dramatisches Geschehen »erlöst immer neu vom Zwang und von der Trägheit, die Existenz als etwas geschlossen auf sich Zurückgebogenes zu verstehen«.[17]
Wir waren ja im Zusammenhang mit Barths Sicht der konkreten Identifizierung der Sünde im Christus-Drama darauf aufmerksam geworden, daß er die dramatische Denkform gerade gegen die Fiktion eines »menschlichen Selbstgespräches« aufbietet (vgl. S. 62ff). Und darin darf ein genereller Hinweis darauf gesehen werden, warum sich die dramatische Denkform dem Theologen Karl Barth aufdrängte. In exemplarischer Weise kann das Eigentümliche des dramatischen Denkens mit der Hervorhebung des Einmaligen, Endlichen, Personalen, Dialogischen und Ereignishaften im Gegenüber zum mythischen Denken hervortreten:

> »Mythus heißt ja in Form von Erzählung gebrachte, aber an sich raum- und zeitlos wahr sein wollende Darstellung gewisser immer und überall bestehender Grundverhältnisse der menschlichen Existenz ..., in Form von Erzählung gebracht unter der Voraussetzung, daß der Mensch um alle diese Dinge weiß und sie so oder so darstellen kann, daß er ihrer mächtig ist, daß sie letzten Grundes seine eigenen Dinge sind.«[18]

Der Mythos ist nach Barths Einschätzung so »immer *monistisch*«: »Er kennt nur die eine Wirklichkeit des Menschen und seines Kosmos, ihre

gemacht wird und laut dessen er sterben muß. Er befiehlt seine Ausführung. Er setzt die Wache an sein Grab. Er schließt den Akt verantwortlich ab, den die Juden in ihrer Weise ebenso verantwortlich eröffnet hatten.« (ebd., 47). So werden denn in Pilatus auch die Heiden »aus Zuschauern Mitwirkende in diesem entscheidenden Geschehen« (ebd., 48). Vgl. auch die exemplarischen Rollenbeschreibungen: des Hiob (KD IV,3, 443ff), Johannes des Täufers (KD I,2, 132f), Marias (KD I,2, 153ff), des Judas (KD II,2, 557ff; KD III,4, 465f; KD IV,1, 441f). Zur theologischen Bedeutung solcher Rollenbeschreibungen vgl. KD I,2, 538f.

17 *Von Balthasar*, TD I, 20.

18 KD I,1, 346.

Prädikate und ihre innere Bewegung.«[19] Er hat darum die Tendenz, den Menschen in einem »Selbstverständnis« und in einem »Selbstgespräch« zu fixieren.[20] Im mythischen Denken haben der Mensch und seine Welt »gerade *keine* Geschichte, *keinen* Schöpfer und *keinen* Herrn«.[21] Dagegen gehört gerade das Verwiesensein auf eine einmalige Geschichte, auf eine schenkende, gebietende, begleitende, regierende und richtende Instanz – oder wie Barth in KD II,1, sagt: auf Gottes Vorzeitlichkeit, Überzeitlichkeit und Nachzeitlichkeit – zum dramatischen Denken:

»An dieser Wahrheit und an der Legitimität dieser Begriffe hängt es ja, daß der ganze Inhalt der christlichen Botschaft: die Schöpfung als die von Gott gesetzte Existenzgrundlage des Menschen, die Versöhnung als die an seiner Existenz von Gott vollzogene Erneuerung, die Erlösung als deren wieder durch Gott zu vollbringende Offenbarung und damit als die Offenbarung des Sinnes auch seiner Schöpfung verstanden werden kann als Gottes Wort der Wahrheit und *nicht etwa als Mythus* eines frommen oder unfrommen Selbstbewußtseins, *nicht etwa als* der unverbindliche und trostlose *Inhalt eines menschlichen Selbstgesprächs*, nicht etwa als der Inhalt einer wohlgemeinten seelsorgerlichen Fiktion, nicht etwa als der Inhalt eines bloßen Wunsch- oder auch Schrecktraumes.«[22]

Wie dem mythischen Denken, so ist die dramatische Denkform nun auch allen *mechanischen* oder *naturhaften* Modellen und Vorstellungen entgegengesetzt (vgl. 16ff), in denen die Wirklichkeit von Schuld und Gnade nicht in den Blick kommt, in denen Gott sich nicht erbarmen kann – während der Gott des Bundes, der Gott Abrahams, Isaaks und Jakobs eben dies kann und tut.[23]

8.3 Die dramatische Denkform als integrierende Denkform

Zu den Grundkonstituanten des Dramas gehört die *»Einheit der Handlung«*.[24] Wird nun in der Dogmatik ein »Himmel und Erde« umspannendes Drama wahrgenommen und denkend beschrieben, dann muß solche Beschreibung auch die Einheit der hier gesichteten Handlung deutlich werden lassen. Und in der Tat hat ja unsere Untersuchung der dramatischen Denkform in Karl Barths Kirchlicher Dogmatik diese Denkform als eine integrierende Denkform hervortreten lassen: Hier gibt es und

19 KD III,1, 93.
20 Daß Barth – in einer gewissen Zuspitzung – unter Mythos und mythischem Denken so gerade das verstand, was er als einen Aspekt und eine Folge der »Entmythologisierung« R. Bultmanns ansah, hat er selbst verschiedentlich angedeutet: Vgl. *K. Barth*, Rudolf Bultmann. Ein Versuch, ihn zu verstehen (ThSt [B] 34), 29ff; Karl Barth – Rudolf Bultmann, Briefwechsel 1922–1966, 198f.
21 KD III,1, 93.
22 KD II,1, 699; Hervorhebung von mir.
23 Vgl. *K. Barth*, Die Menschlichkeit Gottes. Vortrag, gehalten an der Tagung des Schweizerischen Reformierten Pfarrvereins in Aarau am 25. September 1956, in: *ders.*, Gottes Freiheit für den Menschen. Eine Auswahl der Vorträge, Vorreden und kleinen Schriften, Berlin 1970, 347–366, hier 357.
24 Vgl. dazu z.B.: *G.W.F. Hegel*, Ästhetik, Bd. II, Berlin/Weimar 1965, 520ff: »Das wahrhaft unverletzliche Gesetz hingegen ist die Einheit der *Handlung*« (520).

kann es keine Verhandlung isolierter »Loci« oder »Traktate«, keine Trennung von »credenda« und »agenda«, von Dogmatik und Ethik geben. Mit der dramatischen Denkform sind ein Rahmen und ein – überraschend – differenziertes und zugleich einheitliches Instrumentarium zur Hand, mit deren Hilfe die theologische Rechenschaft *umfassend* wahrgenommen werden kann. Gerade die Tatsache, daß und wie Barth in so verschiedenen Gedankengängen wie etwa der Angelologie und der Ethik, der Erwählungslehre und der Anthropologie das dramatische Modell in Anspruch nehmen konnte, vermag diese Überlegung von unserer Untersuchung her zu decken. Es ist zumindest erwägenswert, ob nicht die mit der dramatischen Denkform zusammengehende integrierende Tendenz der Barthschen Dogmatik dort prägend gewirkt hat, wo gegenwärtig (vgl. S. 5ff) eine »Konvergenz auf Theodramatik« hin konstatiert wird.
Als ein gewichtiger Aspekt der integrierenden Kraft der dramatischen Denkform in der Dogmatik muß zudem ihre Fähigkeit zur Aufnahme der mannigfach begegnenden menschlichen Selbstdeutung im dramatischen Modell gelten. Man kann ja daran denken, daß Karl Barth in Hinblick auf das Schaffen des Dramatikers Zuckmayer sagen konnte, er übe in seiner »rein ›weltlichen‹ Schriftstellerei faktisch ein priesterliches Amt« aus.[25] Und Barths Aufnahme der dramatischen Rätselexistenz des Menschen als Hinweis auf Gottes Weltregierung hat im Zusammenhang unserer Untersuchung (vgl. S. 41ff) gezeigt, wie in einer von der Offenbarung Gottes her denkenden Theologie das »Drama« im Sinne einer »Analogie des Advent« als »eine im Dienst eines Selbstverständlicheren redende weltliche Selbstverständlichkeit«[26] zum Leuchten kommt.
Weiter vermag die dramatische Denkform in Hinblick auf die Arbeitsfelder der Theologie integrierend zu wirken. Dramatik in der Dogmatik ist ja nur möglich, insofern sie konstituierend auf das Offenbarungszeugnis der Heiligen Schrift und die Exegese bezogen ist. Dadurch bewahrt die dramatische Denkform die Dogmatik davor, zum »Lehrbuch« zu werden, und wehrt – sicher nicht unangefochten, wie die Kritik an Barths exegetischem Vorgehen zeigt – einer unfruchtbaren Isolierung von Exegese und Dogmatik. Es dürfte nicht zufällig sein, daß dort, wo sich gegenwärtig eine Aufnahme der dramatischen Denkform in die praktisch-theologische Arbeit zeigt, eine Nähe zu der Weise des Umgangs mit biblischen Texten gesehen wird, wie sie etwa das theologische Denken und Arbeiten Karl Barths prägt.[27]
Und schließlich ist es – wir haben darauf eigens (S. 62ff) verwiesen – die Eigenart der dramatischen Denkform, in besonderer und unverwechsel-

25 Vgl. Späte Freundschaft. Carl Zuckmayer, Karl Barth in Briefen, 17.
26 *Jüngel*, Gott als Geheimnis der Welt, 389.
27 Vgl. *G.M. Martin*, Das Bibliodrama und sein Text, EvTh 45, 1985, 515-526. Martin führt (522) im Blick auf die praktisch-theologische Arbeit mit der Form »Bibliodrama« aus: »Diese methodische und inhaltliche Rücklenkung zum Text ist gewiß nicht beziehungslos zu hermeneutischen Einsichten, zu Voraussetzungen und Konsequenzen der dialektischen Theologie.«

barer Weise mithineinzunehmen in die Geschichte Gottes mit Mensch und Welt. Wenn Theologie zur Sache kommt, dann kann und darf es kein verdeckendes Rollenspiel[28] und »keinen Standort außerhalb«[29] geben. Wir sind ja darauf aufmerksam geworden, wie stark Karl Barth gerade gegen eine vermeintliche »Zuschauerrolle« des Menschen gegenüber dem Bundesdrama und im Welttheater angeht. Wo das Drama des Bundes wahrgenommen wird, da findet sich der Mensch, wie zumal Barths eigene theologische Existenz zeigt, »nicht *hinter*, sondern, und das zu sofortigem Einsatz, *auf* die Bühne«[30] gestellt.

28 Vgl. dazu auch: *K. Barth*, Homiletik. Wesen und Vorbereitung der Predigt, Zürich ²1985, 65: »Der Pfarrer soll auch nicht eine Rolle übernehmen... Das wäre die schlimmste Komödie... Du Mensch bist beauftragt, Du, wie Du bist...«
29 Vgl. *von Balthasar*, TD II,1, 48ff.
30 KD III,4, 665.

Literatur

Alweyn, R., Das große Welttheater. Die Epoche der höfischen Feste, Berlin 1985

Alpers, H., Die Versöhnung durch Christus. Zur Typologie der Schule von Lund, FSÖTh 13, Göttingen 1964

Aulén, G., Das Drama und die Symbole. Die Problematik des heutigen Gottesbildes, Göttingen 1968

– Die drei Haupttypen des christlichen Versöhnungsgedankens, ZSTh, 8. Jg. 1930/31, 501–538

Babelotzky, G., Platonische Bilder und Gedankengänge in Calvins Lehre vom Menschen, VIEG 83, Wiesbaden 1977

Balthasar, H.U. von, Karl Barth. Darstellung und Deutung seiner Theologie, Köln 1951

– Theodramatik, Einsiedeln, I, Prolegomena, 1973; II,1, Die Personen des Spiels: Der Mensch in Gott, 1976; II,2, Die Personen des Spiels: Die Personen in Christus, 1978; III, Die Handlung, 1980; IV, Das Endspiel, 1983

Barth, K., Offene Briefe 1945–1968, hg. von Diether Koch, Karl-Barth-Gesamtausgabe, V,4, Zürich 1984

– Karl Barth – Rudolf Bultmann, Briefwechsel 1922–1966, hg. von B. Jaspert, Karl-Barth-Gesamtausgabe, V,1, Berlin 1973

– Rudolf Bultmann. Ein Versuch, ihn zu verstehen, ThSt(B) 34, Zürich ²1953

– Der Christ in der Gesellschaft, in: Karl Barth, Das Wort Gottes und die Theologie. Gesammelte Vorträge, München 1924, 33–69

– Christus und Adam nach Römer 5. Ein Beitrag zur Frage nach dem Menschen und der Menschheit, ThSt(B) 35, Zürich 1952

– Gotteserkenntnis und Gottesdienst nach reformatorischer Lehre. 20 Vorlesungen (Gifford-Lectures) über das Schottische Bekenntnis von 1560, Zürich 1938

– Homiletik. Wesen und Vorbereitung der Predigt, Zürich ²1985

– Die christliche Dogmatik im Entwurf. Erster Band: Die Lehre vom Worte Gottes. Prolegomena zur christlichen Dogmatik, 1927, hg. von G. Sauter, Karl-Barth-Gesamtausgabe I,14, Zürich 1982

– Die Kirchliche Dogmatik, Zürich: I,1, Die Lehre vom Wort Gottes, ^{8}1964; I,2, Die Lehre vom Wort Gottes, ^{5}1960; II,1, Die Lehre von Gott, ^{4}1958; II,2, Die Lehre von Gott, ^{4}1959; III,1, Die Lehre von der Schöpfung, ^{3}1957; III,2, Die Lehre von der Schöpfung, ^{2}1959; III,3, Die Lehre von der Schöpfung, ^{2}1961; III,4, Die Lehre von der Schöpfung, ^{2}1957; IV,1, Die Lehre von der Versöhnung, ^{2}1960; IV,2, Die Lehre von der Versöhnung, ^{2}1964; IV,3, 1. Hälfte, Die Lehre von der Versöhnung, 1959; IV,3, 2. Hälfte, Die Lehre von der Versöhnung, 1959; IV,4, Die Lehre von der Versöhnung.Das christliche Leben (Fragment), 1967; Registerband, hg. von H. Krause, 1970
– Das christliche Leben. Die Kirchliche Dogmatik IV,4, Fragmente aus dem Nachlaß, Vorlesungen 1959–1961, hg. von H.-A. Drewes und E. Jüngel, Karl-Barth-Gesamtausgabe II,2, Zürich 1976
– Die Menschlichkeit Gottes. Vortrag, gehalten an der Tagung des Schweizerischen Reformierten Pfarrvereins in Aarau am 25. September 1956, in: K. Barth, Gottes Freiheit für den Menschen. Eine Auswahl der Vorträge, Vorreden und kleinen Schriften, Berlin 1970, 347–366
– Die protestantische Theologie im 19. Jahrhundert. Ihre Vorgeschichte und Geschichte, Zürich ^{2}1952
– Sechzehn Antworten an Herrn Professor von Harnack, in: K. Barth, Klärung und Wirkung. Zur Vorgeschichte der »Kirchlichen Dogmatik« und zum Kirchenkampf, hg. von W. Feurich, Berlin 1966, 342–437

Barth, M., Rechtfertigung. Versuch einer Auslegung paulinischer Texte im Rahmen des Alten und Neuen Testaments, ThSt(B) 90, Zürich 1969

Benktson, B.-E., Dogma als Drama. Der Holländische Katechismus von einem schwedischen Theologen gelesen, AzTh 60, Stuttgart 1976

Berkhof, H. / Kraus, H.-J., Karl Barths Lichterlehre, ThSt(B) 123, Zürich 1978

Berkouwer, G.C., Der Triumph der Gnade in der Theologie Karl Barths, Neukirchen-Vluyn 1957

Bethge, E., Dietrich Bonhoeffer. Theologe, Christ, Zeitgenosse, München ^{3}1970

Busch, E., Karl Barths Lebenslauf. Nach seinen Briefen und autobiographischen Texten, München ^{3}1976

Calvin, J., Johannes Calvins Lebenswerk in seinen Briefen. Eine Auswahl von Briefen Calvins in deutscher Übersetzung von R. Schwarz, I: Die Briefe bis zum Jahre 1553, Tübingen 1909
– In librum Geneseos commentarius, ed. E. Hengstenberg, Berlin 1838
– In librum Psalmorum commentarius, ed. A. Tholuck, Pars I, Berlin 1936
– In Novum Testamentum commentarii, ed. A. Tholuck, Berlin, IV, In

Acta Apostolorum commentarii, 1833; V, In Novi Testamenti epistolas commentarii, Pars I, 1834; VII, In Novi Testamenti epistolas commentarii, Pars III, 1834
– Institutio Christianae Religionis, ed. A. Tholuck, Pars II, Berlin 1846
– Opera selecta III: Institutionis Christianae Religionis 1959 libros I et II continens, ed. P. Barth / W. Niesel, München 1928
– De aeterna Dei praedestinatione qua in salutem alios ex hominibus elegit alios suo exitio reliquit: item de providentia qua res humanas gubernat. Consensus pastorum Genevensis ecclesiae (1552), CR 36, 248–366
Curtius, E.R., Europäische Literatur und lateinisches Mittelalter, Bern [2]1954

Dahrendorf, R., Homo Sociologicus. Ein Versuch zur Geschichte, Bedeutung und Kritik der sozialen Rolle, Studienbücher zur Sozialwissenschaft 20, Opladen [15]1977
Dekker, A., Homines bonae voluntatis. Das Phänomen der profanen Humanität in Karl Barths Kirchlicher Dogmatik, Zürich 1969
Dürrenmatt, Fr., Stücke, 2 Bde., Berlin 1983

Freyer, Th., Pneumatologie als Strukturprinzip der Dogmatik. Überlegungen im Anschluß an die Lehre von der »Geisttaufe« bei Karl Barth, Paderborner Theologische Studien 12, Paderborn 1982
Ganoczy, A. / Scheld, St., Herrschaft – Tugend – Vorsehung. Hermeneutische Deutung und Veröffentlichung handschriftlicher Annotationen Calvins. Zu sieben Senecatragödien und der Pharsalia Lucans, VIEG 105, Wiesbaden 1982
Goethe, J.W. von, Über epische und dramatische Dichtung. Von Goethe und Schiller, in: Goethe, Kunsttheoretische Schriften und Übersetzungen. Schriften zur Literatur I: Aufsätze zu Schauspielkunst und Musik, Aufsätze zur deutschen Literatur, Berliner Ausgabe, 17, Berlin/Weimar 1970, 326–328

Hahn, H., Kämpfer wider Willen. Erinnerungen des Landesbischofs von Sachsen D. Hugo Hahn aus dem Kirchenkampf 1933–1945, bearbeitet und hg. von G. Prater, Metzingen 1969
Härle, W., Sein und Gnade. Die Ontologie in Karl Barths Kirchlicher Dogmatik, TBT 27, Berlin / New York 1975
Harnack, A. von, Das Wesen des Christentums. Neuausgabe mit einem Geleitwort von Rudolf Bultmann, Berlin 1950
Hegel, G.W.E., Ästhetik, II, Berlin/Weimar 1965
Herlyn, O., Religion oder Gebet. Karl Barths Bedeutung für ein »religionsloses Christentum«, Neukirchen-Vluyn 1979
Hoffmeister, J., Wörterbuch der philosophischen Begriffe, Hamburg [2]1955

Josuttis, M., Die Gegenständlichkeit der Offenbarung. Karl Barths Anselm-Buch und die Denkform seiner Theologie, AET 3, Bonn 1965

Jüngel, E., Barth-Studien, Ökumenische Theologie 9, Zürich/Köln/Gütersloh 1982

– Gott als Geheimnis der Welt. Zur Begründung der Theologie des Gekreuzigten im Streit zwischen Theismus und Atheismus, Tübingen [3]1978

– Gottes Sein ist im Werden. Verantwortliche Rede vom Sein Gottes bei Karl Barth. Eine Paraphrase, Tübingen [3]1978

– Tod, ThTh 8, Stuttgart/Berlin 1871

– Das Verhältnis von »ökonomischer« und »immanenter« Trinität. Erwägungen über eine biblische Begründung der Trinitätslehre – im Anschluß an und in Auseinandersetzung mit Karl Rahners Lehre vom dreifaltigen Gott als transzendentem Urgrund der Heilsgeschichte, in: ders., Entsprechungen: Gott – Wahrheit – Mensch. Theologische Erörterungen, BEvTh 88, München 1980, 265–275

Klaer, I., Grundriß der Dogmatik zum Gebrauch in Repetitorien (maschinenschriftliche Vervielfältigung), Naumburg o.J

– Überlegungen zum Offenbarungsbegriff Karl Barths, in: Theologie als Christologie. Zum Werk und Leben Karl Barths. Ein Symposium, hg. von H. Köckert und W. Krötke, Berlin 1988, 90–105

Klappert, B., Die Auferweckung des Gekreuzigten. Der Ansatz der Christologie Karl Barths im Zusammenhang der Christologie der Gegenwart, Neukirchen-Vluyn [3]1981

Krause, B., Leiden Gottes – Leiden des Menschen. Eine Untersuchung zur Kirchlichen Dogmatik Karl Barths, CThM 6, Stuttgart 1980

Kreck, W., Grundentscheidungen in Karl Barths Dogmatik. Zur Diskussion seines Verständnisses von Offenbarung und Erwählung, Berlin 1983

Krötke, W., Gottes Fürsorge für die Welt. Überlegungen zur Bedeutung der Vorsehungslehre, in: ders., Die Universalität des offenbaren Gottes. Gesammelte Aufsätze, BEvTh 94, München 1985, 82–94

– Sünde und Nichtiges bei Karl Barth, Neukirchen-Vluyn [2]1983

Küng, H., Rechtfertigung. Die Lehre Karl Barths und eine theologische Besinnung, Einsiedeln 1957

Manecke, D., Mission als Zeugendienst. Karl Barths theologische Begründung der Mission im Gegenüber zu den Entwürfen von Walter Holsten, Walter Freytag und Joh. Christiaan Hoekendijk, Wuppertal 1972

Mann, U., Das Wunderbare. Wunder – Segen und Engel, HSTh 17, Gütersloh 1979

Marquardt, Fr.-W., Die Entdeckung des Judentums für die christliche

Theologie. Israel im Denken Karl Barths, ACJD 1, München 1967
Martin, G.M., Das Bibliodrama und sein Text, EvTh, 45. Jg. 1985, 515–526
Moltmann, J., Gott in der Schöpfung. Ökologische Schöpfungslehre, München 1985

Niewiadomski, J., Die Zweideutigkeit von Gott und Welt in Jürgen Moltmanns Theologien, ITS 9, Innsbruck/Wien/München 1982

Pöhlmann, H.G., Analogia entis oder Analogia fidei? Die Frage der Analogie bei Karl Barth, FSOTh 16, Göttingen 1965
– Gottesdenker. Prägende evangelische und katholische Theologen der Gegenwart: 12 Porträts, Hamburg 1984

Sayers, D.L., Das größte Drama aller Zeiten. Aus dem Englischen übersetzt und mit einem Geleitwort von Karl Barth, Zürich 1959
– Das größte Drama aller Zeiten. Drei Essays und ein Briefwechsel zwischen Karl Barth und der Verfasserin, hg. von H. Stoevesandt, Zürich 1982
Schiller, Fr., Der Briefwechsel zwischen Schiller und Goethe, hg. von S. Seidel, 1–3, Leipzig 1984
Schlichting, W., Biblische Denkform in der Dogmatik. Die Vorbildlichkeit des biblischen Denkens für die Methode der Kirchlichen Dogmatik Karl Barths, Zürich 1971
Schopenhauer, A., Die Welt als Wille und Vorstellung, 2, Werke II, München 1911
Siebald, M., Dorothy L. Sayers, Wuppertal/Zürich 1989
Sparn, W., »Extra Internum«. Die christologische Revision der Prädestinationslehre in Karl Barths Erwählungslehre, in: Die Realisierung der Freiheit. Beiträge zur Kritik der Theologie Karl Barths, hg. von T. Rendtorff, Gütersloh 1975, 44–75

Thomasius, G., Christi Person und Werk. Darstellung der evangelisch-lutherischen Dogmatik vom Mittelpunkte der Christologie aus. Zweiter Theil: Die Person des Mittlers, Erlangen ^{2}1857

Wilamowitz-Moellendorff, U. von, Die griechische Tragödie und ihre drei Dichter, Berlin 1923
Wingren, G., Art. Aulén, Gustaf, TRE 4, Berlin / New York 1979, 748–752

Zahrnt, H., Die Sache mit Gott. Die protestantische Theologie im 20. Jahrhundert, München 1966
Zuckmayer, C., Späte Freundschaft. Carl Zuckmayer – Karl Barth in Briefen, Zürich ^{6}1980

Abkürzungen

KD *Karl Barth*, Die Kirchliche Dogmatik, Zollikon-Zürich (nähere Angaben zu den Teilbänden vgl. Literatur)

KD IV,4 (Nachlaß) *Karl Barth*, Das christliche Leben. Die Kirchliche Dogmatik, IV,4. Fragmente aus dem Nachlaß. Vorlesungen 1959–1961, hg. v. Hans-Anton Drewes und Eberhard Jüngel. Karl Barth-Gesamtausgabe, Bd. II, Zürich 1976

TD *Hans Urs von Balthasar*, Theodramatik, Einsiedeln (nähere Angaben zu den Teilbänden vgl. Literatur)

Sonstige Abkürzungen sind ausgerichtet nach dem Abkürzungsverzeichnis der TRE (Theologische Realenzyklopädie. Abkürzungsverzeichnis, zusammengestellt von *Siegfried Schwertner*, Berlin / New York 1976).

HARTMUT GENEST

Karl Barth und die Predigt

DARSTELLUNG UND DEUTUNG
VON PREDIGTWERK UND
PREDIGTLEHRE KARL BARTHS

neukirchener

NEUKIRCHENER

VII, 270 Seiten
DM 68,– / öS 496,– / sFr 62,–
ISBN 3-7887-1510-3